Abbé Henri DUHOMME

MARTIN-ÉGLISE

pendant

LES GUERRES

DE RELIGION

Un Chapitre d'Histoire paroissiale
Illustré de 7 dessins à la plume

Prix : **2** francs (Majoration comprise).

IMPRIMERIE R. BOCQUET
à SERVAVILLE (Seine-Inférieure).

1918

MARTIN-ÉGLISE

pendant

LES GUERRES DE RELIGION

DU MÊME AUTEUR

UN AN de GUERRE : Martin-Église (1914-1915)—*Epuisé*.

2me ANNÉE de GUERRE :
        Martin-Église (1915-1916). — 0. 50 *franco*.

MARTIN-ÉGLISE pendant la RÉVOLUTION. —*Epuisé*.

L'ABBÉ BRICHE : dernières années,
        procès, mort sur l'échafaud. — 0. 50 *franco*.

Pour paraître prochainement :

MARTIN-ÉGLISE et les NORMANDS.

En préparation :

MARTIN-ÉGLISE au MOYEN-AGE.

Les XVIIe et XVIIIe SIÈCLES à MARTIN-ÉGLISE.

MARTIN-ÉGLISE au XIXe SIÈCLE et au-delà.

Abbé Henri DUHOMME

MARTIN-ÉGLISE

pendant

LES GUERRES

DE RELIGION

Un Chapitre d'Histoire paroissiale

Illustré de 7 dessins à la plume

1918

INTRODUCTION

Le lecteur ne s'attend pas, je suppose, à trouver ici
une histoire complète des guerres de religion. Tel n'est
pas le but de cette étude. C'est seulement un récit paroissial, c'est-à-dire une toute petite pierre qui vient
occuper sa modeste place dans le vaste édifice de notre
histoire nationale. Par conséquent, des évènements
d'une importance capitale (S.-Barthélemy, Vassy,
Edit de Nantes,) ne seront même pas mentionnés, parce
qu'ils n'ont aucun rapport direct et spécial avec Martin-
Eglise.

La 1re partie va rappeler quelques souvenirs qui ne se
rattachent pas aux guerres de religion, mais qui re-
montent à l'époque de ces guerres, au XVIe siècle.

La 2e partie présentera quelques faits bien caracté-
ristiques des luttes entre Catholiques et Protestants à
Martin-Eglise.

Toute entière la 3e partie sera consacrée au Domaine
de Palcheul dont les seigneurs ont joué un rôle si important à cette époque.

Enfin on trouvera dans la dernière partie le récit complet des combats qui se sont livrés sur notre territoire
entre l'armée de la Ligue et l'armée royale en 1589.

Aux Archives départementales, aux Chroniques du XVIe siècle, aux Mémoires pour servir à l'histoire de Dieppe et des environs, aux lettres d'Henri IV, sont venus s'ajouter les Documents de la famille de Roquigny qui permettent de donner dans ce travail un certain nombre de détails tout-à-fait inédits.

Abbé HENRI DUHOMME.

Première Partie.

MARTIN-ÉGLISE AU XVIᵉ SIÈCLE.

L'église de Martin-Église.

ES siècles se succèdent, les générations se rem-
placent, et souvent la physionomie d'un pays
reste constamment la même. Si l'on compare Martin-
Eglise au XVIe siècle avec Martin-Eglise au XIXe, on
remarque au contraire des différences profondes. Un de
nos ancêtres, revenant parmi nous, ne reconnaîtrait
plus le pays qu'il a habité. Qu'il monte à l'église, ou
qu'il descende dans la vallée, sa surprise, et peut-être
sa déception, serait aussi grande ici que là.

L'Eglise

Lorsqu'elle fut construite au XIe siècle, notre église,
placée sous le vocable de S. Martin, possédait 3 nefs,
surmontées d'une tour centrale munie de 2 cloches. Au
temps de la guerre de Cent ans, la nef latérale nord fut
détruite, mais les fondations existent encore.

La Chapelle.

Au XVIe siècle, l'église avait encore 2 nefs et la tour;
mais la chapelle de la Sainte Vierge menaçait de tomber
en ruines. Alors le Chapitre métropolitain, propriétaire
de tout notre territoire paroissial, décida de faire démolir cette chapelle et d'en faire édifier, à ses frais, une nouvelle ; celle que nous voyons encore aujourd'hui. Elle a

des murs d'une solidité à toute épreuve, percés de 3 fenêtres ogivales encadrées d'une puissante rangée de grés à moulure uniforme. Une pierre aux armes de France (3 fleurs de lys) et dont l'écusson est soutenu par deux lions, a été encastrée dans le mur extérieur. Elle provenait probablement de l'ancienne chapelle.

A l'intérieur, ce qui fait l'originalité particulière de cette chapelle, ce sont les sculptures dorées, faites à même les solives qui supportent la voûte. Chacune présente une double rangée de fleurs, de chimères, de motifs décoratifs dans le style et le goût du temps. Quatre têtes forment le centre de cette ornementation. On y voit un moine, un guerrier, deux femmes. Sont-ce des allégories, ou des portraits des personnages de l'époque ? Enfin sur les 3 corbeaux qui relient entre elles ces solives, sont représentées : la naissance, l'enfance, l'Annonciation de Marie.

Regnauld Orel.

Le 27 Septembre 1466, mourait le prêtre Regnauld Orel, curé de Beaumais-sur-Arques, doyen d'Envermeu et Procureur du Chapitre à Martin-Eglise. Ce célèbre personnage fut inhumé dans le Chœur de notre église, conformément à l'usage qui réservait cet honneur aux membres du Clergé et de la Noblesse, aux trésoriers et aux insignes bienfaiteurs de chaque paroisse.

Cependant on ne mettait pas une inscription au-dessus de la place où chaque défunt était inhumé. Mais en l'année 1524, le neveu de Regnauld Orel ayant été investi à son tour de la charge et du bénéfice de Procureur, obtint pour son oncle le privilège d'une dalle tumulaire avec portrait, dessins et inscriptions. Le 9 novembre, le Chapitre permit donc de donner une tombe à son ancien mandataire «en reconnaissance de ses services, mais à condition qu'elle soit au ras du sol.»

Le graveur, il faut le reconnaître, s'acquitta avec succès de la tâche qui lui fut confiée, car cette pierre fait encore l'admiration des visiteurs et des artistes.

Elle a 2 mètres de long sur 1 de large ; elle représente le prêtre étendu et vêtu de ses ornements sacrés : amict, étole, manipule tout est parfaitement dessiné ; la chasuble est ornée de motifs très riches : monogrammes, fleurs de lys, etc., et se développe avec grâce. Au-dessus de la tête du personnage se voit une très fine galerie formant tryptique, avec colonnes, chapiteaux, ogives, dans le plus pur XVᵉ siècle. Autour de la pierre, court une élégante guirlande de feuilles de chêne au-delà de laquelle se lit l'inscription suivante : «Cy gist vénérable et discrète personne messire Regnauld Orel, prêtre, en son vivant curé de Baumes et doyen d'Envermeu, lequel trépassa l'an de grâce 1466, le 27ᵉ jour de Septembre, à qui Dieu fasse pardon à l'âme.» Outre l'irréprochable exécution et la parfaite conservation de cette dalle, ce qui attire l'attention, c'est le mot *Baumes*, objet de tant de discussions entre les savants, discussions tranchées par

la supérieure compétence de M. de Beaurepaire. Ce mot
Baumes est l'abrégé de Beaumais, ancienne paroisse si-
tuée auprès d'Arques. Une ferme importante, à mi-chemin entre Archelles et S. Aubin-le-Cauf, porte encore ce
nom. Pendant longtemps, au lieu de Baumes, on lisait
Limmes. Il faut reconnaître que la façon dont le mot est
gravé prête tout-à-fait à cette interprétation. Ce sont les
documents du Chapitre qui ont permis à M. de Beaurepaire de trancher la difficulté et de mettre les lecteurs
sur la bonne voie.

Ce fut donc à cause de ses éminents services que Regnauld Orel fut favorisé d'un privilège qui, dans le cours
de notre histoire paroissiale, ne fut accordé à aucun autre personnage.

Ce fut peut-être aussi un peu par considération pour
sa famille, une des notables de Martin-Eglise.

Sur les registres des rentes dues au Chapitre, on
trouve Marthe Orel, Eliot Orel voisinant avec le prieur
de S. Etienne, et M. de la Motte. Bien des fois, dans les
désignations de propriétés, il est fait mention des bor-
nages par les maisons de Jean Orel ou de quelque autre
membre de la famille. C'est un des noms les plus anciens et le plus fréquemment mentionnés au XVIᵉ
siècle.

Si l'on veut savoir quelles étaient les attributions d'un
Procureur, par conséquent l'importance de sa situation,
il suffit de lire le texte du bail renouvelé et signé le 1ᵉʳ oc-

tobre 1527 entre le Chapitre et Regnauld Orel, le neveu :
«Bail du fief, terre et seigneurie de Martin-Eglise, y
compris le gauge, revandage, tabellionage, à charge de
conduire les procès, de fournir un chartrier, au commencement et à la fin de son bail, contenant bouts et
côtés des héritages dépendant du dit fief, vérifiés devant le sénéchal ou vicomte, et de payer les gages des
Officiers jusqu'à concurrence de la somme de 12 livres
par an, moyennant, en outre, 200 livres de fermage. »

Jusqu'au commencement du XIXe siècle, la pierre
tombale resta au milieu du chœur, où les anciens de la
paroisse se rappellent l'avoir vue. Mais le lutrin ayant
été placé sur cette pierre, les chantres en allant et venant, en tournant les feuilles de l'antiphonaire, passaient
sur cette pierre, dont les inscriptions et les dessins
n'auraient pas tardé à disparaître. Aussi vers 1842, M.
l'abbé Malais, plutôt que d'avancer ou reculer le lutrin,
préféra faire relever la pierre tombale et la fit dresser
contre le mur de l'église, près de la porte principale.

Les bonnets rouges.

Les initiatives et les ressources que le Chapitre ac-
cordait au curé de Martin-Eglise devaient être assez
restreintes. Jusque dans les plus petits détails de l'administration paroissiale, il fallait recourir à l'approba-
tion et à la caisse de ce corps vénérable.

Comme preuve de cette assertion, voici le texte d'une

demande collective adressée au début de 1579 par nos enfants de chœur, pour obtenir chacun un bonnet rouge :

«A nos Seigneurs les Chanoines du vénérable Chapitre de Rouen :

«Supplient très humblement les enfants de chœur de l'église de Martin-Eglise que votre bon plaisir soit de leur donner des bonnets et des cols neufs attendu qu'il y a long an.

«Par acquit, en ce faisant, ils prieront Dieu pour vos nobles Seigneuries.»

Si respectueuse et sans doute très légitime, cette supplique ne pouvait manquer d'être agréée. Et le 17 avril de la même année, on trouve, parmi les dépenses du Chapitre, la somme de 67 sous, 6 deniers pour façon et doublure des bonnets rouges pour les Enfants de Chœur de Martin-Eglise.

Aujourd'hui la générosité des fidèles doit remplacer les subventions des Chanoines. Elle n'est pas prise en défaut, car on ne se souvient pas que les descendants des clercs du XVIᵉ siècle aient jamais été obligés de formuler une semblable requête.

Le Calvaire.

Obéissant à une pensée chrétienne et familiale tout à la fois, nos ancêtres voulaient que les tombes de leurs défunts fussent groupées autour de l'église. Ils voulaient encore que dans le cimetière la place d'honneur fut réservée à la Croix du Sauveur, rappelant à tous les cœurs en deuil la mort de Celui qui donne la Vie. En l'an 1535, d'accord toujours avec le Chapitre métropolitain, l'abbé Jean de Longueval fit ériger le calvaire du cimetière.

Tout en grés du pays ce monument est simple, sans doute, mais il est suffisant pour réaliser la pensée qui l'a fait dresser ici. Il comprend d'abord 4 marches sur lesquelles repose un socle octogone à forme pyramidale. Sur 4 côtés on lit encore très distinctement l'invocation : *O crux, ave, spes unica ;* sur les 4 autres : *en l'an mil cinq cent trente cinq.*

Au-dessus de ce socle est une colonne de 2 mètres de hauteur, parsemée de fleurs de lys, et surmontée d'une croix ornée d'un Christ de très petites dimensions.

Ni les guerres de religion, ni la fureur révolutionnaire, ni les intempéries des saisons n'ont ébranlé ce monument quatre fois séculaire.

Combien de générations reposent à l'ombre de la croix protectrice ? Combien sont venues prier sur ces marches ? Actuellement encore, ce n'est pas sans émotion qu'on voit, par exemple le matin des Rameaux, l'officiant, les clercs, les assistants, gravir ces degrés, baiser cette pierre et déposer là le premier rameau bénit, avant d'aller répandre leurs branches de buis sur les tombes de leurs défunts. C'est aussi à ce Calvaire que les cultivateurs chrétiens viennent chaque année attacher un bouquet d'épis, le premier jour de la moisson.

Il est à souhaiter que ces pieuses traditions se maintiennent et se développent, si possible. Heureuses les paroisses, dans lesquelles les monuments du passé, loin d'être relégués au rang de fragiles souvenirs et d'objets de pure curiosité, paraissent s'animer à certains jours, reprendre la vie et recevoir les démonstrations de fidélité dont ils furent témoins à leur origine !

La Vallée

Au XVIᵉ siècle, la ville de Dieppe était à l'apogée de sa splendeur. Elle comptait 45.000 habitants. Ses intrépides navigateurs découvraient en Afrique et en Amérique des terres nouvelles, ils luttaient avec succès contre les ennemis de la France, Anglais et Portugais, ils assuraient à leur ville natale une prospérité qui en faisait un des premiers ports du royaume.

C'était le temps du somptueux Ango, de Jean et Raoul Parmentier, de Jean Ribault ; Louis Hébert faisait sous la direction de Champlain ses premiers voyages qui devaient avoir pour couronnement la colonisation du Canada.

Ces entrées et sorties ininterrompues des navires, ces courses militaires, ces voyages scientifiques ou commerciaux exigeaient un port vaste, sûr, pourvu de quais nombreux. En même temps l'accroissement de la population appelait de nouvelles constructions.

Et c'est précisément cette situation de la grande ville

Le village d'Etran, au XIe siècle.

qui va modifier (en empêchant la mer de monter aussi facilement qu'autrefois jusqu'à Martin-Eglise,) les immenses terrains étendus entre les côteaux de S. Pierre, de l'Espinay, de Machonville, de Bouteilles et de Calmont d'une part, et ceux de Neuville, d'Etran, de Martin-Eglise, de Bellimont d'autre part. Les salines si productives jusqu'alors vont bientôt disparaître, les marécages vont prendre de la consistance et devenir de fertiles prairies au moins pendant la belle saison. Ces terrains seront encore suffisamment arrosés par l'Eaulne qui les sillonne si capricieusement, et qui paraît, dit un auteur de ce temps, hésiter longtemps avant de les quitter et ne se diriger vers la mer qu'avec regret.

La Béthune et la Varenne ne se sont pas encore réunies à l'Eaulne et aboutissent au port Ouest de Dieppe, pendant que notre rivière va au port Est.

Nullèment entravée, ni par des ponts, ni par des moulins, (les droits et les interdits du Chapitre étaient formels), l'Eaulne était navigable depuis son embouchure jusque vers le milieu du village de Martin-Eglise, c'est-à-dire à l'endroit, où passait sur le grand et le petit pont la chaussée conduisant à Arques. Comme au XIᵉ siècle, époque où fut construite son église et organisé son village, Etran était encore un port, et ses habitants se joignaient à ceux de Dieppe soit pour la pêche, soit pour les expéditions militaires.

A Martin-Eglise on venait des communes voisines, et

de la forêt, pour charger et.décharger des bois, des denrées, des marchandises. Les bateaux descendaient ensuite facilement jusqu'à Dieppe où la cargaison prenait place sur les navires de plus forte dimension.

Mais ces embarquements et débarquemente ne se faisaient pas instantanément. Etait-ce par suite de l'abondance des chargements, ou par pénurie de moyens de transport ? Nous ne savons, mais ce qui est certain c'est que les marchandises restaient sur la rive assez longtemps avant de pouvoir être expédiées.

Là encore intervenait le Chapitre pour édicter des réglements, favoriser le transit, et percevoir des redevances. En 1515, un accord fut signé entre le chapitre et les paroissiens de Martin-Eglise, au sujet de ce droit de rivage ; en voici les conditions :

« Pour chaque chariot, chargé de lengue ou de billette (bois de chauffage) que les habitants ont amené en la dite rive, il sera payé par chaque semaine 4 deniers ; pour chaque charette, 2 deniers ; pour chaque cheval, 1 dénier ; pour un âne, maille. Pour le temps à venir, quand il arrivera qu'ils feront mener lengue ou billette à la dite rive, seront tenus à payer le dit rivage, celui ou ceux qui seront marchands ou qui auront acheté les denrées désignées ci-dessous, dont le marché aura coûté plus de 25 livres tournois ; au-dessous de ce prix, ils ne paieront pas de rivage. »

Donc à Martin-Eglise le commerce par transports fluviaux, à Etran la pêche, telle était l'activité et la physionomie de nos deux paroisses au XVIᵉ siècle. Et certainement que nos anciens marins ou pêcheurs ne manquaient pas, en conduisant leurs bateaux de saluer dévotement au passage l'église S. Pierre d'Etran bâtie à mi-côte, autant par crainte des inondations que pour laisser libre le mouvement du port, puis un peu plus en aval la chapelle de S. Aubinot, ensuite la léposerie de S. Ladre de Jérusalem, si utile, et si fréquentée à cette époque, enfin les calvaires de l'entrée du port de Dieppe, et ils considéraient avec une juste frayeur la Bastille du Pollet-outre-l'eau, à moins que leurs regards ne fussent encore plus impressionnés par les imposantes murailles, tourelles et défenses du château de Dieppe qu'ils apercevaient de l'autre côté.

En remontant le courant, ils avaient à leur droite les domaines de Machonville et de Rouxmesnil, de Calmont et d'Arques, unis aux Eglises de S. Pierre (hors les murs), de Bouteilles avec ses 3 nefs de style roman, d'Arques aux splendeurs ogivales. Tout cet ensemble était abrité et dominé par les forêts qui couronnaient les côteaux et que les moines n'avaient pas encore fini de défricher.

Là-bas à l'entrée de la vallée de la Béthune qui, par Neufchâtel, conduisait à Paris, le donjon, les tours, les remparts du célèbre château d'Arques, complétaient le panorama et ajoutaient aux charmes du paysage la confiance dans une défense efficace.

De notre côté, au delà de l'église S. Martin, s'élevait, sentinelle vigilante et barrière infranchissable, le castel de Palcheul protégeant l'entrée de la vallée de l'Eaulne, plus discrète, et plus resserrée que sa rivale.

Et du pied de la côte S. Etienne jusqu'aux murs de Dieppe cette vallée, ancien estuaire, s'étendait sur 6 kilomètres de longueur et 4 de large. Privée maintenant de tant de sanctuaires, de châteaux et de manoirs, elle conserve encore un aspect grandiose et pittoresque. Et l'esprit, grâce à ces souvenirs historiques, complète et anime le silence de ces grandeurs passées.

Toute l'activité fluviale ou maritime a disparu. Une voie ferrée se charge maintenant d'assurer les transports. Or l'établissement de cette ligne de Dieppe au Tréport, traversant la prairie de Martin-Eglise, est venu précisément apporter une confirmation inattendue aux textes des archives et aux souvenirs du passé. Pendant la construction de la voie ferrée, on a retiré du sol plusieurs poteaux munis de gros anneaux de fer destinés à l'amarrage des bateaux.

Nous avons parlé plus haut de la prairie, fertile en été, marécageuse en hiver. Elle était utilisée alors comme de nos jours pour le pâturage. Le jour de la fête de S. Jean-Baptiste, les habitants payaient au représentant du Chapitre la redevance exigée en échange de la facilité qui leur était donnée de laisser leurs bestiaux toute la saison dans cette prairie. Voici quels étaient les tarifs du XVIᵉ siècle : 13 deniers pour une vache, 8 deniers pour un bœuf, 6 deniers pour un veau.

Actuellement la redevance annuelle, fixée par la commune, est de 25 fr. par tête de bétail.

Toutefois le Chapitre se réservait «le droit d'avoir le pâturage de 2 vaches qui *peulent* aller et venir par toute la praierie, sans nul contredit.»

Si nous laissons la prairie et que nous remontions le cours de l'Eaulne jusqu'au grand pont, nous trouvons tout près, au hameau de Budoux, une source d'eau ferrugineuse. Elle doit être signalée dans ce récit, car en 1533 les magistrats de Dieppe. avant de se rendre acquéreurs des eaux de la Scie, sont venus à Martin-Eglise sonder, aualyser, étudier notre source pour la conduire à Dieppe où elle aurait servi à toute la population. Les qualités de cette eau convenaient bien, mais le débit fut jugé insuffisant pour l'importance de la cité. Et depuis, notre source ne fut utilisée que par quelques malades isolés qui d'ailleurs ne regrettèrent pas leur confiance dans son efficacité. Uu jour peut-être une industrieuse et intelligente entreprise viendra s'en emparer et notre paroisse connaîtra un attrait et une ressource de plus.

Revenons à la réalité ; et continuons de remonter la vallée jusqu'au moulin du Chapitre. On le voit encore aujourd'hui ce moulin, et pourtant au XVIᵉ siècle, il était loin d'être jeune, puisqu'il est mentionné dans les

Archives dès le VIIIe siècle ! Rien d'étonnant alors qu'à cette époque il ait eu besoin d'une sérieuse réparation. Un mémoire du mois de Mai 1535, et comprenant 4 grandes pages de détails nous met au courant de toutes les dépenses qui y furent faites. Elles se montent au chiffre considérable de 5.146 fr. On dut d'abord, du 25 avril au 14 mai, détourner le lit de la rivière. La quantité de cailloux transportés, la longueur des murs élevés, les agrandissements accomplis, tout est minutieusement noté. Les travaux furent exécutés sous la direction du Sieur de Jomage. Les bâtiments qui subsistent actuellement sont de cette époque.

En même temps que le moulin, le marché communal fut réparé, son mur remis à neuf.

Le Chapitre possédait un seul moulin à Martin-Eglise, et son droit de propriété était exclusif. Cependant le puissant seigneur de Palcheul, sans tenir compte des droits du Chapitre s'était permis de faire construire un autre moulin sur la même rivière. Aussitôt procès, et Robert de Roquigny fut condamné à supprimer son moulin. Ce procès fut plaidé en 1573.

Enfin les ponts, les chaussées, le manoir seigneurial furent également, mais en 1567, l'objet de sérieuses réparations et de travaux importants. Le fermier du manoir est invité spécialement à tenir «nettement et ouverte» la tour de l'habitation ainsi que la chambre de Messieurs les Chanoines et même la prison.

On le voit, rien n'était négligé pour assurer le bon é-
tat de toute la paroisse. Eglise, routes, ponts, moulin,
prairie tout était périodiquement visité, et régulière-
ment réparé. Si les bons chanoines défendaient leurs
droits avec acharnement, jusque devant les tribunaux,
et même au Parlement, c'était en réalité pour en faire
bénéficier leurs subordonnés.

On ignorait probablement, à cette époque, le mécanis-
me et les lenteurs, les formalités et les intermédiaires
d'une administration méthodique et compliquée, mais
on connaissait bien les avantages que l'on retirait de
ces redevances, de ces dîmes que l'on payait, parfois en
maugréant. Dans leur reconnaissance et leur satisfaction nos pères ont inventé la maxime bien connue, toute
à l'honneur des moines : Il fait bon vivre sous la crosse.
Quand on étudie, sans parti pris, l'histoire d'une paroisse placée sous la dépendance d'un Chapitre, on peut dire :
On n'était pas malheureux sous l'aumusse.

Nous avons raconté longuement les transformations
dont notre vallée fut l'objet ou le théâtre. Un mot maintenant de nos côteaux.

Aujourd'hui on les voit couverts de blé, d'avoine, de
trèfle, et cette culture s'y fait avec beaucoup de difficulté, car en bien des places la pente est assez rapide ; elle
s'y fait aussi à grands frais car le terrain n'est pas très
propice. Au XVIe siècle on n'y voyait pas de récoltes de
ce genre, les côteaux situés entre le village d'Etran et

l'église de Martin-Eglise étaient couverts de vignobles.
Le climat devait être plus tempéré qu'en notre siècle, car
on pourrait compter les jardins où l'on peut voir mûrir
un peu de raisin. Mais combien l'exposition, en plein
midi, était favorable. De plus ces côteaux étaient abrités du vent de la mer par le saillant de Bréquigny. Enfin
le sol crayeux se prêtait merveilleusement à ce genre de
productions. On se serait cru en Champagne !

Tout ce qui précède prouve suffisamment, ainsi que
je l'indiquais en commençant, qu'un paroissien du XVIᵉ
siècle ne reconnaîtrait plus Martin-Eglise au XXᵉ siècle.
Trouverait-il que nous sommes en progrès ou en déca-
dence ? Le lecteur, suivant ses goûts et ses préférences,
appréciera.

APPENDICES

1° LISTE des CURÉS de MARTIN-EGLISE pendant le XVIᵉ Siècle.

(La date mentionnée est celle de l'arrivée dans la paroisse).

1492 — Jean Roussel.

1504 — Jean Condé.

1505 — Jean Porcher.

1516 — Jacques Rayer.

.... — Jean Delamare.

1524 — Jean Vautier.

1526 — Pierre Raizet.

1527 — Guillaume Ricard.

1533 — Jean Flambard.

.... — Jean de Longueval.

1536 — Etienne de Longchamp.

1537 — Jean Girard.

1539 — Guillaume Bouglus.

1540 — Geoffroi de Manneville.

1562 — Jean Lepel.

1563 — Jean Baudri.

1584 — Robert Bourdon.

.... — Pierre Guche.

.... — Mathieu Langlois.

1584 — Jean Bouquetot.

.... — Laurent Bunel.

1584-1606 — Georges Langlois.

2° NOTABLES de MARTIN-EGLISE

Vicomtes :

1503 — Nicolas Le Mercier.

1517 — François Le Marinier, sieur du Mesnil.

1519 — Pierre de Sainte Paix, sieur de S. Jean.

1530 — Pierre Le Marinier.

1547 — Jourdain Le Conte, sieur de Draqueville.

.... — M. de la Mote.

.... — Michel de la Porte.

ECUYERS

Guillaume Gouel.

Jourdain Le Comte.

Roger Faé, lieutenant-général.

✻✻✻✻✻✻✻✻✻✻✻✻✻✻✻✻✻✻✻✻✻✻✻

Avant de raconter les quelques faits intéressant spécialement Martin-Eglise et Etran, dans ces luttes si douloureuses entre Catholiques et Protestants, il nous semble utile de faire connaître la manière de présenter les faits.

Les auteurs qui ont rédigé une histoire locale complète racontent que l'Archevêque de Rouen, le Cardinal de Bourbon, aussitôt qu'il apprit les premiers progrès de la Réforme à Dieppe, y envoya son Vicaire Général, M. de Séquar, pour organiser et présider un Triduum de prières et de prédications dont le but était de maintenir dans la foi les Catholiques. Le vicaire général fut tellement insulté par les bandes calvinistes qu'il crut prudent de repartir pour Rouen dès le lendemain de son arrivée à Dieppe. Quelque temps après, le Cardinal vint en personne ; il fut reçu comme son Vicaire Général. Ce chef de diocèse accomplissait un devoir pastoral rigoureux, usait d'un droit très légitime en essayant de retenir ses diocésains dans la vérité. Or, un auteur termine son récit de cet évènement par cette réflexion : «l'Archevêque renonça à provoquer de nouveau les Protestants.»

Un autre fait précéder la narration des faits de pillages, de troubles, de combats sanglants, de ces interrogations : «Faut-il admettre, comme on l'a raconté ?» etc. ou encore : «Est-il exact que?...» C'est une deuxième manière d'atténuer la vérité.

En voici une troisième qui prétend tenir la balance égale et faire preuve d'impartialité. Elle consiste à commencer ou à conclure le récit par cette observation : il y eut des torts des deux côtés, chaque parti a commis des excès. Cela revient à dire : nous renvoyons dos à dos, en les déclarant également coupables, et celui qui attaque et celui qui se défend.

Enfin un quatrième historien a trouvé un moyen suprà-habile d'éviter de prendre position en faveur de l'un des deux partis : il supprime tout simplement les querelles religieuses, et il parle des luttes entre gens de Dieppe et gens d'Arques, luttes causées, d'après lui, par la *jalousie* que ressentaient ces derniers en voyant la prospérité et le développement de Dieppe s'accomplir au détriment de la ville d'Arques.

Pour éviter ces exagérations et ces lacunes dans notre récit, nous exposerons simplement les faits, ayant soin quand il sera nécessaire, de bien les placer dans leur milieu. Car on serait tout à fait à côté de l'exactitude si on jugeait un évènement, une sentence de tribunal, un procédé du XVIe siècle, avec les idées, les mœurs, les habitudes du XXe.

Pour ce qui concerne les environs de Dieppe (1), la seule région dont nous ayons à nous occuper, l'ensemble des faits racontés aux débuts de la Réforme, permet d'arriver à cette constatation : les Protestants ont commencé par troubler les cérémonies extérieures du culte catholique. Ensuite, enhardis par leur nombre et par la passivité trop conciliante des catholiques, ils ont pénétré dans les églises pour empêcher la prédication et l'office divin. Enfin continuant et élargissant leurs exploits, ils firent main basse sur les biens d'église, et même sur les prêtres et les fidèles.

De sorte que les catholiques poussés à bout, et résolus enfin à protéger leurs temples, leurs biens, leurs prêtres, leur vie, se trouvaient dans le cas de légitime défense.

Voici, à titre d'échantillon, quelques lignes tirées de l'*Histoire de Dieppe*, par Vitet, (tome I, page 124) :

« Quand ils (les Calvinistes) eurent bien saccagé les églises de la ville, ce fut le tour de celles des campagnes. Ils sortaient par bandes de 200 à 300, ravageant les villages qui n'avaient pas bon renom calviniste. Jamais

---

(1) Des études très complètes et très sérieuses ont été faites en ce sens pour les différentes régions de la France, et aboutissent à la même conclusion. Ces études sont merveilleusement résumées et exposées dans le 2e volume de l'ouvrage bien connu : *Histoire partiale, Histoire vraie,* de Jean Guiraud.

ils ne rentraient en ville sans rapporter du butin : châsses, reliquaires, ornements. Souvent même ils amenaient quelques prêtres, les traînant à la queue de leurs chevaux ; puis ils les faisaient vendre en plein marché au son du tambour. Ils en ont quelquefois enfoui jusqu'aux épaules, pour jouer au palet, ou à la boule ; d'autres étaient traînés sur le crucifix, par les rues, la corde au cou ; d'autres enfin étaient jetés à la mer, revêtus de leurs ornements sacerdotaux.»

Nous pourrions cueillir dans d'autres choniqueurs des détails variés et du même genre ; nous en faisons grâce au lecteur.

C'est au mois d'août 1557, que Jean Vénable, colporteur de livres, arriva de Genève à Dieppe pour faire connaître la Réforme. Dès l'année **1560**, les expéditions rurales étaient organisées.

L'église d'Etran, la plus proche de Dieppe, fut donc une des premières à recevoir la visite des Calvinistes. Trois d'entre eux y pénétrèrent, enfoncèrent la porte de la sacristie, et choisirent, dans les tiroirs, des chapes et des chasubles à leur convenance. Les emporter n'eût pas été un exploit suffisant. Ils s'en revêtirent et devant les paroissiens indignés, ils s'en allèrent ainsi à Dieppe, où ils firent une entrée sensationnelle. Le gouverneur les fit arrêter et traduire devant le tribunal. Ils furent condamnés à être fouettés sur la place publique par trois jours de marché, et ensuite ils furent bannis.

Je veux bien, comme un historien indulgent l'insinue, reconnaître que ce fut le fait de trois exaltés, et qu'ils n'avaient pas été envoyés et commandés par les autorités protestantes de Dieppe.

Mais voici un autre fait qu'il est difficile d'expliquer et d'excuser de la même manière.

En **1562**, la peste sévissait à Dieppe. Les Protestants furent empêchés, par danger de porter la contagion, de faire des courses lointaines, alors, disent les chroniques, ils *se contentèrent* de piller les églises des environs : Etran, Neuville, Grèges, Ancourt, Bellengreville, Envermeu. Ils affectionnaient tout spécialement la vallée de l'Eaulne. Elle est si pittoresque !

Notre église paroissiale conserve un souvenir de l'une de ces visites dévastatrices dont l'église S. Pierre d'Etran fut victime. C'est une statue de pierre du XVe siècle, représentant la Vierge Marie, tenant son divin Fils sur le bras gauche. Il est facile, en examinant cette statue, d'avoir une idée exacte des procédés calvinistes du XVIe siècle. L'Enfant-Jésus n'a plus ni tête, ni bras, ni jambes. Le bras droit de la Vierge, le bas du corps, et le sommet de la tête ont été enlevés. Et c'est bien extraordinaire que la tête, longtemps séparée du corps ait pu être retrouvée et remise assez bien à sa place. Ce genre de mutilation se retrouve aux portails de nos cathédrales.

Notre statue, telle qu'elle nous est parvenue, présente une finesse de détails dans le vêtement, une expression de douceur et de piété sur le visage, un luxe d'ornements et de broderies sur la robe, une dignité et une grâce dans l'attitude qui augmentent encore les regrets des artistes en la voyant réduite en si piteux état. C'était vraiment un chef d'œuvre. Mais les regrets des cœurs chrétiens sont autrement amers, en songeant à l'offense faite dans l'image à la Mère du Sauveur.

Ajoutons que cette statue fut gardée à Etran jusqu'à la suppression de la paroisse en 1829. On la transporta alors à Martin-Eglise, où elle ne fut mise en honneur et appréciée qu'en 1916.

On ne dit point qu'en 1562 notre église paroissiale ait subi le moindre dommage de la part des calvinistes. Avaient-ils peur du bailli, et craignaient-ils de rester dans la prison de la haute justice ? Ou bien notre paroisse comptait-elle déjà assez de réformés pour que la besogne fut déjà terminée ? On verra bientôt que cette supposition n'est pas une calomnie.

L'équipée de 1562 ne donna pas complète satisfaction aux désirs des Calvinistes-voyageurs. Ils convoitaient depuis longtemps les biens de l'église d'Arques. Cette ville jadis si importante, capitale du pays de Talou, devait posséder des trésors, des richesses religieuses considérables. Et un butin abondant devait récompenser (?) une tentative faite de ce côté. Mais il y avait une difficulté : les habitants d'Arques n'étaient pas seulement catholiques fidèles, ils étaient aussi d'intrépides soldats.

Et ils prétendaient défendre avec courage les biens de leur église. Plusieurs fois déjà, des incursions avaient été organisées, mais devant la ferme attitude des Arquois que le château-fort protégeait majestueusement et efficacement, les Calvinistes n'avaient pas insisté.

Le 2 août de cette année 1562, ils ont recours à la trahison pour réussir dans une entreprise où le courage et la force auraient certainement échoué une fois de plus.

Ils viennent donc à Martin-Eglise, sont reçus par les quelques habitants gagnés à la Réforme, et leur expliquent le but de leur présence ici. Ils décident deux d'entre eux, leurs corréligionnaires et nos ancêtres (hélas !) à courir à Arques immédiatement.

Suivant les indications qui leur avaient été données, nos deux hommes arrivent tout haletants, fatigués, indignés : «Venez vite, disent-ils aux habitants d'Arques, venez vite, une centaine de Calvinistes sont arrivés à Martin-Eglise, ils pillent nos maisons, ils insultent et maltraitent nos femmes et nos jeunes filles, venez nous secourir.»

Aussitôt, sans la moindre défiance, prompts à secourir leurs frères en danger, les catholiques d'Arques au nombre de quelques centaines partent dans la direction de Martin-Eglise. Ils étaient déjà arrivés à l'entrée de la commune, près du petit pont, bâti au XIIIe siècle par les moines, et que surmonte une statue de la Ste Vierge; la chaussée en cet endroit était bordée de haies domi-

Martin-Église. — Le Pont de la Vierge (XIII° siècle).

nées par des arbres énormes. Tout à coup ces vaillants voisins reçoivent à bout portant les décharges que leur envoient les protestants de Dieppe, cachés dans les fossés et derrière les arbres du chemin. Une centaine de catholiques tombent, frappés à mort, parmi eux on retrouva le sieur de Lalande, lieutenant du gouverneur d'Arques, le sieur de Ricarville.

Les autres, déconcertés par cette attaque inattendue, craignant aussi de n'être pas assez nombreux pour résister efficacement, se sauvent et se cachent jusqu'à la fin du jour dans la forêt.

La bande calviniste, assurée désormais de ne plus rencontrer aucun obstacle au succès de son expédition, se précipite vers le village d'Arques, dégarni de ses défenseurs. Elle put facilement pénétrer dans l'église où les quelques femmes et enfants qui y étaient réunis ne la gênaient pas beaucoup. Faire main basse sur les ornements, les objets précieux, toutes les richesses entassées dans cette église, fut l'œuvre d'un instant. Mais au moment où chargés de leur abondant butin, ils sortent de l'église pour retourner à Dieppe, le duc d'Aumale à la tête de sa compagnie arrive, les oblige à déposer tout ce qu'ils tiennent encore et fait prisonniers ceux que leur agilité n'a pas réussi à protéger par une fuite précipitée.

En 1563, le comte de Montgommery fut nommé gouverneur de Dieppe. Il ne tarda pas à se montrer bon cal-

viniste. Et les plaintes contre son administration furent
si graves et si nombreuses que malgré la faveur dont il
jouissait à la cour, il fut relevé de ses fonctions. Lui aussi essaya de s'emparer d'Arques ; pour venger son é-
chec, il mit le feu aux maisons du bourg, et se mit à piller et à incendier les églises et les châteaux qui se trouvaient sur son passage depuis Dieppe jusqu'à Eu. C'est
dire que Martin-Eglise ne fut pas à l'abri, cette fois encore, des dévastations en règle.

L'année **1564** est marquée par les exploits d'un personnage qui paraît symboliser à lui seul tous les procédés et la méthode de la Réforme. Son cas occupe une
liasse de réclamations, avertissements, procès, condamnations, conservés aux archives départementales. Nous
allons seulement résumer.

Guillaume Josel, était verdier, c'est-à-dire chef de
tous les gardes de la forêt d'Arques. Bien qu'il n'ait jamais navigué, il se faisait appeler, ou plutôt s'intitulait
Capitaine de la marine. Il résidait à Martin-Eglise. En
qualité de *fonctionnaire,* il avait chaque jour des occasions
de se trouver avec le Procureur, le Bailli, les juges et
les officiers de Martin-Eglise. Ardent protestant, il uti-
lisa bien vite son crédit pour faire de la propagande auprès de tout le *Parquet* de notre commune. Et ce n'est
déjà pas une chose banale de voir tous ces représentants
officiels du Chapitre métropolitain adhérer à la Réforme. Leur défection, suivie d'un zèle intempestif, moti-

va la révocation de tous ces officiers plus occupés à combattre le catholicisme qu'à rendre la justice.

Nous avons dit que Guillaume Josel habitait Martin-Eglise. Sa demeure manquait sans doute de charme. Il eut l'idée d'y faire construire un colombier. On ne devait pas, sans une autorisation spéciale, ériger un colombier. Mais celui qui détient une parcelle d'autorité, ne se croit-il pas tout permis? Le droit des Chanoines ne gênait pas beaucoup notre verdier. Procès ; et condamation, le 10 avril, à faire démolir le colombier.

Un édit de pacification de 1563 avait interdit aux Protestants de tenir leurs prêches en dehors des temples qui leur étaient réservés, ou des châteaux qui étaient de fief noble. La maison de Josel ne rentrait dans aucune de ces deux catégories, mais il n'en tenait pas moins des prêches chez lui, et toutes les semaines.

Le même édit avait ordonné de restituer les églises aux catholiques et de leur laisser toute liberté pour l'exercice de leur culte. Josel, par tous les moyens, empêchait le curé, l'abbé Jean Baudri, de dire la messe, de réunir les fidèles et de célébrer les Offices.

Le verdier devait, à certains jours, donner audience pour entendre les demandes ou les réclamations, rendre la justice, exercer toutes les attributions de sa juridiction. Les solliciteurs ou les plaideurs se présentaient en vain. Josel choisissait le jour où il devait tenir les plaids, pour tenir des prêches.

Notre église était à cette époque surmontée d'une tour contenant les cloches. Cette tour gênait sans doute sa tolérance, car il envoya des ouvriers pour la faire démolir, et les habitants, intimidés et impuissants durent assister à la suppression, pierre par pierre, de leur clocher. Ils ne se découragèrent pas pour cela, ils firent l'acquisition de nouvelles pierres pour reconstruire une autre tour, ainsi que l'édit de pacification leur en donnait le droit. Quand toutes les pierres furent amenées dans le cimetière, et que le travail de réédification allait commencer, Josel envoya d'autres ouvriers qui prirent les pierres et les transportèrent dans sa propriété. Il était, on le voit, omnipotent, et au-dessus de toutes les lois.

On se demande comment un personnage qui, en réalité, n'avait d'autorité que dans la forêt, avait réussi à en avoir une si grande dans notre commune. Nos ancêtres ne voulurent pas employer les moyens extrêmes pour maintenir leur bon droit et arrêter les excès de ce tyranneau.

Ils commencèrent par écrire à M. de la Mailleraye, qui était lieutenant-général de la province de Normandie. Car les juges d'Arques, connaissant parfaitement tous les faits, n'osaient prendre aucune mesure énergique pour faire cesser tous ces abus. M. de la Mailleraye fut obligé de faire intervenir le Parlement qui, par une série de condamnations longuement motivées, obligea notre capitaine Guillaume à respecter les édits de pacification,

à restituer les matériaux du clocher et à cesser ses me-
nées contre le culte cathollque.

Nous retrouvons en **1569** l'église d'Etran victime d'un
nouveau scandale. Deux protestants s'emparent des
vases sacrés et les livrent à d'odieuses profanations.
Cette fois la justice fut extraordinairement rigoureuse,
car ils furent condamnés à la peine capitale sur la place
du marché de Dieppe. Pour expliquer une sévérité qui,
dans l'état de notre législation et de nos mœurs, paraît
excessive, il faut se rappeler qu'au XVIe siècle, comme
pendant toute la période qui va depuis le début du Moyen-Age jusqu'aux approches de la Révolution fran-
çaise, la législation criminelle s'inspirait de cette maxime de S. Louis : *Dieu doit être le premier servi*. En ver-
tu de ce principe chrétien qui met Dieu à la première
place, on estimait qu'une offense faite à Dieu était plus
grave qu'une autre du même genre, faite à n'importe
quel personnage fût-il prince ou même roi. On estimait
encore qu'un délit commis dans un lieu consacré au
culte divin était plus grave que s'il avait été commis
dans n'importe quel édifice fût-ce un château ou un pa-
lais. On estimait enfin que la religion catholique étant
la base sociale de la civilisation, du progrès et de la justice, toute atteinte portée à cette base, menaçait de
compromettre l'équilibre et l'harmonie de toute société.
De là, ces châtiments exemplaires pour des profanations
de statues, d'objets sacrés, d'églises. Le crime n'était

pas puni en raison directe du dommage matériel occasionné, mais en raison de la dignité de Dieu représenté et atteint dans ses images et ses temples. Il est bien évident que, dans les pays et les siècles où la Foi est diminuée et endormie, et où l'erreur a autant de droits que la vérité, ces sanctions ne seraient plus admises.

Nous terminerons l'énumération de ces résultats paroissiaux des guerres de religion, en donnant un souvenir à nos deux « Catherine ».

En 1529, Guillaume Josel étant parti de Martin-Eglise, les paroissiens purent enfin reconstruire la tour de leur église, ils dépensèrent pour cela la somme de 900 livres, environ 4.000 fr. de notre monnaie. Ces frais furent entièrement couverts par la générosité des habitants. On voit donc que si le Protestantisme avait réussi à troubler quelque temps la Commune, les Catholiques étaient fortement attachés et dévoués à leur... clocher. Mais la tour ne suffisait pas, la tour seule, était muette ! Il fallait lui donner une voix, pour remplacer les deux cloches qui s'étaient trouvées brisées pendant les opérations désastreuses de la démolition de 1564. On eut recours au Chapitre pour obtenir une nouvelle cloche. Et sur la demande de notre Trésorier, Michel Delaporte, et en considération de tous les frais que les habitants s'étaient déjà imposés pour leur Eglise, les chanoines de Rouen fournirent la somme nécessaire pour l'achat d'une cloche à laquelle on donna le nom de *Catherine*. Heureux de ce présent, nos pieux et généreux ancêtres trouvèrent en--core dans leur bourse l'argent nécessaire pour l'acquisi--tion d'une seconde cloche. Voici donc, après bien des péripéties, des tristesses, mais des largesses aussi très grandes, les choses remises en état.

A Étran, la cloche ancienne, avait subi le même sort que celles de Martin-Eglise, et était tombée, elle aussi, victime des agissements calvinistes. En l'année **1582**, une autre, toute neuve, envoyait ses joyeux et premiers carillons aux échos de la vallée. D'après l'inscription gravée sur cette cloche, elle fut «donnée par le curé et les paroissiens de S. Pierre d'Etran et nommée *Catherine* par dame Katherine Bouchard, femme de honnête homme Jean de Davion, étant thésaurier pour lors 1582.»

Cette cloche d'Etran, à la suppression de la paroisse, vint prendre place dans le clocher de Martin-Eglise.

Notre paroisse, de 1577 à 1585, servit de lieu de réunion aux Protestants, privés de l'exercice de leur culte dans la ville de Dieppe. Leurs réunions se tenaient au domaine de Palcheul dont nous allons raconter l'histoire dans la 3me partie.

Troisième Partie.

—

PALCHEUL.

—

Martin-Église. — Château des Seigneurs de Roquigny à Palcheul, au XVe siècle.

ENDANT que le manoir d'Imbleval paraissait se cacher timidement, à l'entrée de la vallée d'Eaulne, derrière les arbres majestueux qui ombrageaient le cours sinueux et rapide de la rivière, le domaine de Palcheul (1), situé en face, à 30 mètres d'altitude, ressemblait à un puissant guerrier qui assure de sa protection tout ce qui l'entoure.

Construit tout en pierre, il put résister aux dévastations de la guerre de Cent ans et aux bouleversements qui ont bien des fois désolé et ruiné notre pays. Il était adossé aux flancs de la côte de Bellimont. L'assise était robuste grâce à la nature du sol, et les souvenirs du passé lui donnaient, semblait-il, un surcroît de résistance, car Bellimont (*belli mons*) signifie *mont de la guerre*. Bien des combats s'étaient livrés autour de lui et contre lui sans jamais l'ébranler ; on pouvait donc lui prédire une durée illimitée.

Les origines, l'histoire, les dimensions du château de

(1) Voici à titre de curiosité les différentes orthographes de ce mot, prises dans les lettres d'Henri IV : Palchœuil, Palesseul, Pallecheulle, Palcheuil, Pallesueil, Palechul, Palcheul, Palcheux, Palcheleux.

Palcheul ne permettent pas, sans doute, de le mettre en parallèle avec son plus proche voisin, le château d'Arques. Mais on peut être grand sans être un géant. Il n'est pas indispensable de tomber au champ d'honneur pour se couvrir de gloire. Arques n'est plus qu'une ruine, Palcheul a été seulement blessé. Et ce qui nons en reste, et ce que nous en savons, suffit largement à lui assurer un souvenir impérissable et à justifier la place importante qu'il occupe dans ce récit et dans toute notre histoire paroissiale.

Description

Au XIV⁰ siècle, Palcheul existait déjà. Depuis combien de temps ? Aucun document, du moins à notre connaissance, ne permet de fixer la date de sa naissance. Nous voici donc obligés de le prendre sorti depuis longtemps de son berceau.

La gravure ci-dessus a été éxécutée sur place, et nous montre ce domaine dans son intégrité et sa splendeur.

L'artiste a seulement ajouté les tourelles des remparts ; mais les murs d'enceinte, le logis des serviteurs existent encore dans de notables proportions. Quant à la demeure seigneuriale, elle est toujours debout, complète, et des plus intéressantes à parcourir. Ses deux pignons portent même encore chacun deux meurtrières encadrées.

Si l'on descend dans la cave voûtée, toute en pierre, comme l'édifice qu'elle supporte, et que l'on considère, grâce aux soupiraux, l'épaisseur de ces murailles, on ne s'étonne pas que la construction ait déjà duré des siècles et ait encore un long avenir assuré.

Gravissons les 10 marches du perron. Nous voici devant la lourde porte aux robustes pentures. Toutes les piéces de fer qui formaient jadis l'ornement et la solidité de cette porte, subsistent de nos jours. On pouvait, ainsi protégé, rester à l'intérieur de l'habitation, en toute sécurité, nulle surprise désagréable n'était à craindre.

Comme dans tous les châteaux du Moyen-Age, les appartements sont très spacieux ; les poutres et poutrelles en saillie au plafond, les fenêtres, en petit nombre, carrées et grillées ; les cheminées, aux larges dimensions sont surmontées d'un manteau qui semble vouloir pénétrer dans l'étage supérieur. L'âtre est formé par des colonnes de pierre, les unes droites, les autres tournées, toutes ouvragées, et surmontées de l'écusson qui portait le blason du seigneur, actuellement 3 fers de lance posés 2 et 1. Il existe dans ce logis 4 cheminées monumentales, dignes d'arrêter l'attention des visiteurs et des artistes, et en parfait état de conservation. Nous donnons quelques pages plus loin la reproduction exacte de l'une d'elles.

L'imagination a vite fait d'animer et de peupler cette antique demeure ; on croit voir encore circuler, avec les cérémonies, les usages, les révérences d'autrefois, la châtelaine et ses dames d'honneur, le seigneur et ses archers, les serviteurs, les ouvriers, et sans doute aussi les pèlerins et les pauvres qui y trouvaient table et gîte.

Forêt immense, jardins d'agrément et de rapport, vergers et cours, entouraient le domaine, au pied duquel s'agitaient dans un va-et-vient continuel les paysans de Martin-Eglise, d'Etran, de Grèges qui conduisaient les lourds chariots de blé au moulin du Chapitre, bâti au VIIIe siècle.

Palcheul était fief indépendant, il ne relevait donc pas, comme l'ensemble du territoire de Martin-Eglise, de la juridiction du Chapitre. Mais les Seigneurs étaient quand même obligés de se conformer aux règlements d'ordre général. Et nous avons rappelé dans la 1re partie de ce récit, le procès intenté par les chanoines à Robert de Roquigny.

Les Seigneurs.

Au XIVe siècle, Palcheul dont la valeur était estimée à 300 saluts d'or (1) appartenait au sieur Jean I de la Saâne, qui possédait également, le demi fiief de Thibermont.

---

(1) Le «salut» était une monnaie tout en or fin dont les premières pièces furent frappées en 1412. A cette époque, Isabeau de Bavière complotait de livrer la France à l'Angleterre. Pour mettre son royaume sous la protection de la Ste Vierge, le roi Charles VI fit frapper cette nouvelle monnaie, destinée à rappeler tout à la fois le *salut* donné à Marie par l'ange Gabriel, et le *salut* donné par Marie à l'humanité.

Voici, d'après la revue *l'Ecole*, la description de ces pièces de monnaie : Au droit, dans le champ, l'écu de

Cette famille de Saâne est une des plus anciennes et des plus notables de notre région. Leur domaine principal était situé au Bourg-de-Saâne, près de Bacqueville. Au XIIIe siècle, un des membres de cette famille, nommé Guillaume, fut chanoine de Rouen et archidiacre d'Eu. Le célèbre Eudes Rigaud l'honorait de sa confiance toute particulière ; et il se montra un protecteur généreux des lettres et des arts en fondant à Paris un collège, dont 24 bourses étaient réservées aux étudiants originaires du Pays de Caux. A la mort d'Eudes Rigaud, Guillaume de Saâne fut présenté par les Chanoines au Souverain Pontife, comme premier candidat au siège archiépiscopal de Rouen. Mais il ne fut point agréé.

Quant à Jean de la Saâne, qui fut quelques années capitaine du Château d'Arques, il vendit en 1426 son domaine de Palcheul à Bardin du Croq, seigneur de Torchy-le-Petit. Peu de temps après, il vendait Thibermont à Jean de la Perreuse de Sens.

Bardin du Croq, (dont les armoiries étaient d'argent, au chevron de gueules, accompagné de 3 merles de sable posés 2 et 1,) conserva toute sa vie le domaine qu'il avait acquis. Les documents de ces temps lointains ne

---

France ; au-dessus, une gloire ; et au-dessous de cette gloire une bandelette portant le mot *Ave* ; à droite de l'écu, l'ange Gabriel ; à gauche, la Vierge à genoux ; sur le revers, une croix latine accostée de deux fleurs de lys ; et autour, l'inscription : *Christus vincit, Christus regnat, Christus imperat.*

sont pas assez abondants pour que nous connaissions les transformations, agrandissements, ou améliorations dont le domaine profita au changement du Seigneur.

Bardin du Croq laissa Palcheul à sa fille Robine qui épousa Clément Le Charron(1), fils de Lucas Le Charron, écuyer, garde du sceau des *obligations de la Vicomté d'Arques et seigneur d'Epinay.*

Bientôt, mais alors pour la dernière fois, Palcheul passa entre les mains d'un nouveau Seigneur, sans changer pour cela de famille. En effet, Marie Le Charron, fille de Clément Le Charron et de Robine du Croq, épousa un peu avant l'an 1500, Guillaume de Roquigny, né en 1480. Les jeunes époux résidaient à Crasville, demeure des ancêtres. Déjà un siècle auparavant, nous trouvons cette famille dans notre région. En 1462, en effet, Marguerite de Roquigny avait été mariée au chevalier Jean de Belleville, seigneur de Belleville-sur-mer, non loin de Martin-Eglise. De cette union un fils, l'aîné, avait épousé en 1490 Marie de Pardieu. Le 17 juillet 1503, Jacques Le Charron, le Seigneur de Palcheul vint à mourir. Aussitôt sa sœur Marie, accompagnée de son époux et de leur suite, vint s'installer à Palcheul. Elle héritait encore, en plus de ce fief, de toutes les terres et de toute les rentes sises à Martin-

---

(1)   Armoiries de cette famille : D'or à la fasce d'azur accompagné de 3 lions, 2 en chef et 1 en pointe.

Eglise, Ancourt, Grèges, Etran et Brétigny. Cette simple nomenclature donne une idée de l'importance de ce domaine et de tous les biens qui s'y trouvaient attachés Guillaume de Roquigny devient donc Seigneur de Palcheul et d'Imbleval.

En l'espace d'un siècle, on avait vu se succéder : Jean de la Saâne, Bardin du Croq, Lucas et Clément Le Charron. Et depuis 1503, sans aucune interruption, Palcheul appartient à la famille de Roquigny. Puissent les arrière-descendants de ces premiers seigneurs conserver toujours et transmettre encore pour plusieurs siècles le domaine et les glorieux souvenirs qu'ils tiennent de leurs ancêtres.

Ce sont ces souvenirs qui vont, maintenant, être racontés.

Histoire.

Dieu, qui bénit toujours les époux chrétiens, fidèles à leur devoir, accorda aux nouveaux châtelains de Palcheul, six fils. Mentionnons les plus célèbres.

Jehan de Roquigny alla habiter le domaine de Crasville dont il fut patron ; il reçut aussi le titre de sieur d'Ausseville. Il put donc continuer les traditions familiales, sur le bien qui formait, depuis tant d'années, l'apanage et le patrimoine des ancêtres. Pour éviter de franchir les limites du récit paroissial, nous ne pouvons que saluer de notre souvenir lointain, ce digne représentant de tant de gloires.

Louis de Roquigny s'illustra, en particulier, le 11 août 1555 dans le combat livré par la flotte royale dieppoise aux navires flamands entre Douvres et Boulogne. Des 19 bateaux placés sous les ordres de Louis de Bures, seigneur d'Espineville, un, le *Saint-Jean,* était commandé par Louis de Palcheul. Ce jour-là, malgré la supériorité notable du nombre et de l'importance des vaisseaux, malgré la vaillance de leur défense, les Flamands furent battus. Et les Dieppois triomphants, ramenèrent dans le port 6 navires et 400 hommes prisonniers ; ils en avaient tué un millier.

Par sa valeur et son intrépidité, par l'habileté de sa manœuvre, Louis de Palcheul eut une large part dans le succès de cette journée. C'était déjà un présage des qualités chevaleresques que nous allons bientôt admirer dans un autre membre de la même famille.

Le fils aîné des Seigneurs de Palcheul, s'appela Guillaume, comme son père. Il devint également chevalier et reçut aussi le titre de sieur de Palcheul et d'Imbleval. Son père était mort en 1516.

Quand le moment de se marier fut arrivé, il tourna ses regards et ses désirs vers un domaine, célèbre lui aussi, et tout proche, en amont de la rivière, le château de Pont-Trancart. Là résidait depuis plus d'un siècle la noble famille de Milleville.

Et le 5 janvier 1540, Guillaume de Roquigny épousait Madeleine de Milleville. Palcheul et Pont-Trancart jus--

qu'alors voisins, se trouvaient ainsi réunis. Les deux familles n'en feront plus qu'une seule par leur courage sur les champs de bataille et leur dévouement au Roi et à la France.

Robert de Roquigny.

Les années s'écoulent rapidement. A peine avons-nous mentionné et signalé ces nouveaux titulaires de notre domaine, et déjà il faut présenter leurs successeurs. Parmi les enfants de Guillaume, voici venir le plus fameux d'une glorieuse lignée : Robert de Roquigny, chevalier, et Seigneur, à son tour, de Palcheul et d'Imbleval. Il naquit vers 1550.

Formé, comme ses ancêtres, au métier des armes, il allait, avec quelques chevaliers, dans les forêts des alentours, habituer son corps aux dures fatigues et aux longues chevauchées de la guerre. Tel le prince béarnais qu'il servira plus tard avec tant de dévouement et de vaillance, il ne se laissait arrêter, ni rebuter par aucun obstacle, même aucune blessure. Son énergie morale se fortifiait en même temps et autant que sa résistance physique, au milieu des difficultés et des dangers.

Cette vie mouvementée, son éducation, ses qualités remarquables, lui concilièrent le cœur et la faveur d'une noble demoiselle qu'il demanda et obtint pour épouse. Une gloire nouvelle vient prendre place au foyer de Palcheul.

Le 1er novembre, on célébrait le mariage de Robert de

Roquigny avec demoiselle Anne, fille de Philippe d'Ai-
gneville et Jacqueline du Tertre. Un membre de cette antique famille figure au XIIe siècle parmi les chevaliers
qui prirent part aux Croisades.

La jeune épouse apportait, outre ses avantages per-
sonnels et les charmes de son esprit cultivé, une dot
considérable, qui comprenait les Seigneuries du Fayel,
de Hercelaines, du Bois de Selles, de Neufchâtel, et de
Nesles, et les Vicomtés d'Etaples et de Fiennes.

Un pareil apanage n'était pas pour diminuer le pres-
tige et l'opulence du Seigneur Robert de Roquigny.

Et pourtant il se trouvait, malgré tous ces avantages,
trop à l'étroit à Palcheul. La vie du château ne lui sem-
blait pas assez utile, elle pesait plutôt à son exubérante
activité.

Aussi n'est-on pas surpris que de son plein gré et
pour mieux servir la douce France, il se soit engagé sous
la bannière du duc d'Alençon, 4e fils de Henri II, et héritier présomptif de la couronne royale, Henri III, son
frère n'ayant pas d'enfants.

Tout de suite, Robert se distingua parmi tous ses
compagnons. A cette époque, il y avait en France de
multiples occasions d'utiliser la valeur et la fidélité des
nobles chevaliers. Les guerres de religion, en dépit des
édits de pacification, se succédaient presque sans interruption.

Or, ce fut précisément dans ces guerres que notre châ-

-telain montra sa valeur militaire. Il combattit successi-
vement sous les bannières du duc d'Alençon, de Henri
III, et enfin de Henri IV.

S'il resta toujours fidèle à la cause royale, il ne le fut
pas autant à la cause catholique. Car il se fit protestant.
A quelle époque ? Nous ne pensons pas que ce fut avant
son mariage ; une descendante des Croisés eût-elle con-
senti à épouser un Calviniste ? Ce fut peu de temps après
son mariage (1574), car dès 1577 nous le voyons ouvrant
son domaine aux Protestants de Dieppe, pour faciliter
leurs réunions, interdites à cette époque.

Les célèbres ministres Cartaut et Bardin Paris qui a-
vaient cru prudent de se réfugier en Angleterre, furent
donc invités à revenir diriger leurs adeptes. Et notre manoir de Palcheul se trouva transformé en temple protestant.

D'abord, les catholiques d'Arques employèrent tous
leurs efforts et les moyens les plus énergiques pour empêcher ces réunions clandestines. Mais le 25 avril 1578,
un nouvel édit de pacification ayant autorisé les Protestants à tenir leurs prêches, en dehors des villes, dans
les châteaux qui étaient de fief noble, les assemblées furent fréquentées et tenues à Palcheul sans aucune en-
trave. Et cela dura pendant 8 ans, jusqu'au 21 juillet
1585, date où furent interdites les réunions calvinistes,
quelles qu'elles fussent.

Il ne faut pas croire que Robert de Roquigny soit resté tout ce temps, en son manoir, occupé uniquement à recevoir et à favoriser ceux dont il avait adopté la religion.

En bon soldat, il prit les armes, et se distingua dans plusieurs combats. Le 21 juin 1581, il est nommé gentilhomme ordinaire de la Chambre du duc d'Alençon.

Mais en même temps son zèle calviniste ne demeurait pas inactif. Il ne lui suffisait pas d'avoir accueilli les protestants de Dieppe à Palcheul, il mit son domaine de Neufchâtel à la disposition de ceux du Pays de Bray, et il ouvrit lui-même un prêche en cette Seigneurie. Son ardeur religieuse (?) alla, paraît-il, jusqu'à ruiner une partie de l'église de Neufchâtel, sous prétexte qu'elle dominait son château.

Pendant que ces guerres se multipliaient et que la Ligue, jusqu'alors hésitante et éparpillée, s'organisait de façon plus méthodique, le duc d'Alençon vint à mourir, en 1584, à Château-Thierry, âgé seulement de trente ans.

Aussitôt Henri III, ne voulant pas se priver des services du vaillant capitaine de Roquigny, le pria de prendre du service dans son armée, et lui écrivit la lettre (1) suivante, que le lecteur sera certainement satisfait de connaître :

---

(1) Cette lettre, ainsi que celles qui vont suivre, nous a été communiquée par M. le Comte de Roquigny du Fayel.

A Monsieur de Palcheux,

«Monsieur de Palcheux, vous avez assez ouï parler des remuements d'armes qui se font par aucuns princes et seigneurs de mon royaume en plusieurs et divers endroits, sans mon commandement mais plutôt contre mon autorité, et pour l'interruption du repos que j'ai essayé d'établir parmi mes sujets ; de quoi, portant un infini regret en mon cœur, et désirant, pour y résister, d'être assisté de mes bons et affectionnés serviteurs, je vous ai voulu écrire ce mot, comme à celui que je sais être de ce nombre, et qui, par plusieurs bons déportements, a rendu assez de témoignages de la bonne dévotion qu'il a au bien de mon service, vous priant que vous vous prépariez et mettiez en équipage pour me venir servir en ces affaires, ainsi que doit faire tout bon serviteur et sujet bien zélé et affectionné envers son Roy ; ce que me promettant de vous, je ne vous en dirai rien davantage, mais prierai Dieu, Monsieur de Palcheux, qu'il vous ait en sa sainte garde. Ecrit à Paris le 12ᵉ jour d'avril 1585.»

HENRY.

Peut-on, en lisant ces lignes, ne pas admirer d'abord la politesse, presque la déférence, avec laquelle le Roi s'adresse à son dévoué défenseur ? Ce n'est pas une lettre en style purement administratif et officiel, c'est une invitation, pleine de bienveillance, adressée à un vaillant soldat. Peut-on ensuite, ne pas admirer l'estime en laquelle on tenait notre châtelain ? Cette correspondance royale est toute à l'honneur du destinataire.

Après la mort du duc d'Alençon, Henri de Bourbon,

roi de Navarre (le Béarnais) devenait l'héritier de la couronne de France. Mais il était protestant !

Depuis le baptême de Clovis, la France, fille aînée de l'Eglise, avait toujours été sous le sceptre d'un roi catholique. Elle trouvait indigne d'elle de «tomber en quenouille», (loi salique), elle se trouvait encore plus affligée de tomber aux mains d'un hérétique. Alors pour conserver sa foi et ses traditions onze fois séculaires, une Ligue s'organisa par tout le royaume entre les catholiques.

Sans doute, au point de vue militaire, cette Ligue connut plus de défaites que de victoires, mais au point de vûe religieux et national, elle obtint ce triomphe décisif : la conversion d'Henri IV. Car sans les résistances et les luttes de la Ligue, Henri de Bourbon n'aurait jamais songé à se faire instruire de la religion catholique, et c'en était fini du beau titre de royaume très chrétien que notre patrie s'était acquis et qui avait été consacré par les éloges et les faveurs des Souverains Pontifes.

On ne saurait trop le répéter, le but de la Ligue était de faire échec, non pas au roi légitime, mais au protestantisme qui menaçait d'être la religion officielle si Henri de Bourbon devenait roi de France sans devenir catholique. Il faut savoir gré à nos pères qui par cette imposante organisation ont maintenu, pour deux siècles encore, les traditions de la France. C'est ainsi que les peuples, quand ils le veulent, réussissent à imposer au

Martin-Église. — Une des cheminées monumentales du Domaine de Palcheul (XVe siècle).

monarque leur volonté. Grâces soient rendues à Dieu, quand ces mouvements populaires sont inspirés par le désir de procurer le bien du pays.

Il faut bien le reconnaître, dans les meilleures entreprises, même celles inspirées par le zèle de la religion, un côté humain se glisse parfois. On cherche à satisfaire ses ambitions personnelles plus qu'à servir la cause pour laquelle on combat. La conduite de certains chefs, les Guise en particulier, ne fut pas toujours exempte de ce reproche. Mais les défauts de quelques personnages n'entament pas la légitimité, ni la noblesse d'une entreprise aussi nécessaire et aussi admirable que l'était la Ligue.

Déjà attaché au service des rois par la noblesse de son nom et de son éducation, et par son choix personnel, Robert de Roquigny s'empressa avec une nouvelle ardeur, de répondre à l'appel du prince protestant. Henri de Bourbon, en effet, pour résister à la Ligue, recrutait tous les Seigneurs, capitaines, etc., qui consentaient à se rallier à son panache blanc. Il n'oublia point son coréligionnaire de Palcheul, et, pour le presser de hâter ses préparatifs et de venir combattre près de lui, il lui écrivit la lettre suivante :

«Henry, par la grâce de Dieu, roi de Navarre, premier prince du sang et premier pair de France, gouverneur lieutenant-général et amiral pour le roy en Guyenne, à notre cher et bien aimé le sieur de Palcheul, salut.

«Puisque notre devoir nous oblige de résister de tout notre pouvoir aux méchants et pernicieux desseins de ceux qui, sous faux prétextes, se sont élevés en armes en ce royaume contre la propre personne du roy mon Seigneur, tendant, par le moyen d'icelles, à la dissipation de cet Etat, ruine et subversion d'icelluy et des princes du sang, maison, et couronne de France, et étant à cette cause besoin d'y pourvoir,

«Vous avons commis et député, commettons et députons par ces présentes pour faire la guerre tant par mer que par terre, sous notre nom et autorité, contre les Ligueurs et ennemis de cet Etat, et du juste parti que nous soutenons, assembler, pour ce faire, gens de pied et de cheval, et entreprendre sur villes et places, contraires à notre dit parti et faire tous actes d'hostilité contre les dits ligueurs et leurs adhérents ; de ce faire vous avons donné et donnons plein pouvoir, puissance, autorité, commission et mandement spécial, par ces présentes.

«Donné à La Rochelle, le 16e jour de juin, l'an 1686.»

HENRY.

Le 1er août, c'est-à-dire six semaines seulement après cet appel, Henri de Bourbon assistait aux derniers moments du roi Henri III, assassiné par le fanatique Jacques Clément. Il s'empressa alors de réunir toutes ses forces pour résister à la Ligue, plus active que jamais.

Aussi Robert de Roquigny, déjà gagné à la cause royale par ses préférences personnelles, par la similitude de religion et par les honorables invitations qui lui étaient adressées, ne tarde pas à se mettre en campagne.

Et, spectacle singulier, lui seigneur de Palcheul, nous le trouvons dès le mois de septembre, à la tête d'une compagnie, dans l'armée d'Henri IV, campant à la côte Saint-Etienne, entre Martin-Eglise et Arques ! De sa tente, il pouvait apercevoir son château, occupé par l'armée de Mayenne.

On trouvera dans la 4me partie, tout le détail des opérations, si importantes (en elles-mêmes sans doute, mais bien plus encore par leurs conséquences,) qui se sont déroulées sur notre territoire pendant ce fameux mois de septembre 1589.

Notons simplement ici ce qui concerne Robert de Roquigny.

Le matin du 21 septembre, il est envoyé par le roi fouiller la forêt, et observer l'armée de Mayenne. Après quelques minutes de chevauchée, il se trouve en face du sieur de Faudoas, comte de Belin, et gouverneur de Paris pour la Ligue. Sans hésiter, avec les 5 ou 6 chevaliers qui l'accompagnent, il se précipite sur la petite troupe du gouverneur, et réussit à le faire prisonnier. Joyeux il l'amène à Henri IV qui, avec sa bonhomie, devenue proverbiale, embrasse son prisonnier, et lui fait même parcourir son camp. A la vue d'une armée aussi disproportionnée avec celle des Ligueurs, Belin ne peut s'empêcher de déclarer à Henri IV, que dans quelques heures il va se trouver écrasé par les 30.000 hommes de Mayenne ! «Vous ne jugez, Monsieur de Belin, répartit le roi, que de ce que vous voyez. Mais il faut tenir compte des forces que vous ne voyez pas : Dieu et mon droit.»

Pour récompenser Palcheul de cette magnifique capture, Henri IV le nomma gouverneur de Neufchâtel et lui promit une forte somme d'argent. La place forte fut plus facile à donner que les écus, car la bourse royale était à peu près vide.

Neufchâtel n'avait comme garnison que 30 hommes de guerre à cheval, montés et armés à la légère, 30 arquebusiers à cheval et 40 hommes à pied. Aussitôt en possession de son commandement, Palcheul augmenta la garnison de 20 chevau-légers, de 20 arquebusiers et de 60 hommes de pied.

Quant à la seconde promesse, elle ne fut exécutée qu'en 1609, 20 ans plus tard. Palcheul reçut alors 9.000 livres sur les deniers extraordinaires de l'épargne royale.

Plein de sympathie pour le nouveau gouverneur, Henri IV, dans ses nombreuses expéditions, lui écrivait de temps à autre. Nous avons, par exemple, une lettre datée du 26 novembre, dans laquelle il raconte avec joie ses succès et ses espérances : «Je n'ai voulu laisser, monsieur de Palcheux, de vous écrire pour vous dire l'heureux succès de mes affaires. Je vais au Mans, lequel j'espère dans peu de jours, remettre en mon obéissance.»

Le gouverneur de Neufchâtel ne restait pas dans la place, où se trouvait le domaine que son épouse lui avait

apporté en dot. Son activité militaire, et aussiles néces-
sités de la cause royale, l'obligèrent à combattre dans
de fréquentes expéditions.

En 1591, il réussit à s'emparer, par escalade, dela ville
de Saint-Valery-sur-Somme. C'était un coup hardi, et
d'une grande importance. Car Henri IV recevant des secours par l'Angleterre, ce port lui était très utile pour
le débarquement des hommes et des munitions que lui
envoyait la reine Elisabeth. Aussi, une fois encore il va
gratifier son intrépide capitaine d'une belle récompense.
Elle consista, ce qui ne coûta pas très cher au trésor ro-
yal, dans le revenu de la terre et de la Seigneurie de
Martin-Eglise, que Henri IV venait de confisquer aux
Chanoines de Rouen. Ce fut, bien des fois, par un semblable procédé, que le roi reconnut les services de ses
dévoués défenseurs ; et punit la résistance de ses ennemis.

Volontiers, on se dirige d'après les exemples des
grands. Ce qu'ils font, on se croit autorisé à l'imiter. Le
gouverneur de Neufchâtel, pour payer la solde des 200
hommes de sa garnison, opéra une attribution debiens,
dans la manière de son roi. Celui-ci ne l'entendit pas
ainsi. En voici la preuve par cette lettre :

«Monsieur de Paleisseul, vous pouvez assez juger
combien de dépenses il me faut supporter pour l'entretènement des gens de guerre qui sont auprès de moi,
et le peu de moyen que j'ai d'y subvenir, si ce n'est des

deniers des aides, tailles, taillon et fermes, qui se paient aux lieux de mon obéissance, et qui ne sont, à beaucoup près, suffisants pour satisfaire aux dites dépenses. Tellement que j'ai été contraint de faire élever sur toutes les Elections de mes provinces, outre les dites tailles, une crue extraordinaire pour le paiement des garnisons étant en icelles, que j'ai expressément destinée à cet effet, et me suis réservé tous les deniers des dites tailles et autres ordinaires pour en être secouru en nécessité de mes affaires.

«Toutefois j'ai été averti que vous vous émancipez en la disposition des dites tailles, pour les employer au paiement de votre garnison, ce que je ne puis trouver que très mauvais, pour être trop préjudiciable et important mon service, et de conséquence, non-seulement pour votre particulier, mais un exemple aux autres gouverneurs de prendre telle licence, chose que je ne veux nullement admettre. Et vous en ai bien voulu faire la présente, pour vous dire que vous ayez à vous contenter, pour la solde et entretènement des gens de guerre de votre garnison, des deniers de la dite levée, selon l'ordre et règlement que j'y ai donné, sans plus toucher aux deniers de mes dites tailles, taillon, aides et fermes, desquels j'ai fait état pour les dites dépenses de mon armée, ce que je vous défens bien expressément.

«Mais vous tiendrez la main, en tout ce que vous pourrez et assisterez de votre autorité mes receveurs au recouvrement de ces deniers, à ce que j'en puisse recevoir les secours que j'ai toujours espéré.

«M'assurant que vous n'y ferez faute, et que vous voudrez bien suivre mon intention, je ne vous en dirai davantage que pour prier Dieu, M. de Paleisseul, vous avoir en sa sainte garde.

Au camp devant Chartres, le 16ᵉ jour du mois de mars 1591.»

HENRY.

En juin, la correspondance devient plus fréquente. Un jour, il s'agit de faire accompagner de Neufchâtel à Dieppe un courrier portant une dépêche du roi à son cousin, le vicomte de Turenne. Une autre fois, il faut escorter des charrois qui amènent de Dieppe à Neufchâtel, et de là à l'armée royale, les munitions qui arrivent d'Angleterre. Une autre lettre ordonne à Palcheul d'administrer l'abbaye de S. Martin d'Auchy-lès-Aubin, près d'Aumale, que le roi venait de donner au sieur de Bellingreville : encore un bien confisqué !

La faveur royale, justifiée par une fidélité et un dévouement chevaleresques, et des succès militaires nombreux et importants, se manifestait chaque jour à l'égard du sieur de Palcheul avec une bienveillance sans cesse grandissante. Mais les coups de fortune sont si capricieux ! Le sort des armes est parfois si inexplicable, que les plus valeureux subissent aussi des revers. Notre héros n'en fut pas exempt. Il n'avait connu jusqu'alors que des triomphes, et des récompenses. Il va être victime, et expérimenter les disgrâces.

En 1592, le 11 février, les Ligueurs après plusieurs semaines de siège, d'attaques, de combats, réussissent à s'emparer de la ville de Neufchâtel. Comme les malheureux ont généralement tort, on fit retomber sur Palcheul la faute de cet évènement. M. de Givry qui était spécialement chargé de défendre la place et de diriger les combattants, fut au-dessous de sa tâche, mais il jouissait de

puissantes influences qui l'excusèrent auprès d'Henri IV.
Le roi ne réfléchit point que les catholiques, très nombreux à Neufchâtel, et très heureux de passer sous l'autorité de la Ligue, avaient facilité la prise de la ville par
l'armée de Mayenne. Palcheul reçut à lui seul toutes les
foudres. Et Sully, impartial, quoique très dévoué au roi,
note dans ses mémoires que notre châtelain, «ancien of-
ficier et distingué par ses actions et ses blessures, fut
mis aux arrêts, *assez injustement.*» Ce témoignage, joint
au passé de Palcheul, suffit pour dégager sa responsa-
bilité.

Il n'en fut pas moins transporté au château de Dieppe,
où il subit le sort des prisonniers militaires, coupables
d'avoir manqué en quelque façon, devant l'ennemi.

La détention dura plus d'une année. Enfin, soit que la
lumière ait été faite sur les véritables causes de la capi-
tulation de Neufchâtel, soit que Henri IV ait estimé d'une
bonne politique de ne pas se priver des services d'un si
loyal chevalier, soit que la peine ait été jugée suffisante,
le sieur de Palcheul recouvra sa liberté. Que dis-je ? Il
fut aussitôt appelé à de nouvelles charges qui parais-
saient plutôt une récompense qu'une réhabilitation.

En effet, le 25 mai 1593, Henri IV lui écrivit de Mantes
la lettre suivante, pour l'investir du commandement du
Château-fort d'Etaples ; le lecteur constatera avec plaisir que le souvenir de Neufchâtel n'a pas diminué le crédit dont jouissait le gouverneur :

A notre bien aimé le sieur de Palcheul, salut.

«Ayant avisé être nécessaire de pourvoir à la conservation de notre château d'Etappes, en notre pays de Boulonnais, de personne dont la fidélité et valeur nous soit connue et sur qui nous nous puissions reposer de la garde d'y celui, sachant l'importance que nous est la dite place au pays,

«Nous, à ces causes, et pour la confiance que nous avons de vous et votre prudhomie, expérience au fait d'armes et en bonne diligence, jointe à l'affection que que vous portez à notre service et autres considérations,

«Vous avons commis et député... pour commander dans la dite place et château d'Etappes...» etc.

Le reste de la lettre donne les indications du service qu'il y a à exercer, de la discipline à maintenir entre les officiers et de la façon dont le gouverneur sera rétribué.

Palcheul ne resta pas longtemps à la forteresse, si importante, d'Etaples. Il reçut bientôt un autre commandement en Normandie, c'était pour lui, un avancement. Mais il fut également de courte durée.

Dans un combat, notre capitaine toujours intrépide, même jusqu'à la témérité, s'avança au milieu des ennemis ; il devait faire une reconnaissance, il chercha l'occasion d'accomplir quelque prouesse. Il voulut se mesurer en combat singulier avec le sieur de Sasseval, du parti de la Ligue. Une fois encore, la fortune lui fut contraire. Il tomba, mais avec gloire, sérieusement blessé.

Impuissant à continuer la lutte, il se constitua prisonnier sur parole, s'engagea à ne pas prendre les armes, après sa guérison, tant qu'il n'aurait pas acquitté sa rançon fixée à 1.200 écus. Ceci se passait vers le milieu de 1594.

Notre infortuné seigneur, demeurant dans l'inaction, privé de son commandement par les soins qu'il fallait donner à sa blessure, ne pouvait payer sa rançon, ni faire face à d'autres dépenses obligatoires. Aussi ses biens furent saisis.

Son illustre protecteur plaida sa cause, et défendit qu'on l'inquiétât. Voici un nouveau document qui prouve une fois de plus, l'attachement d'Henri IV au sieur de Palcheul.

«Henri par la grâce de Dieu, roi de France et de Navarre, à tous nos baillis, sénéchaux, prévôts ou leurs lieutenants, et à tous nos autres justiciers, officiers et sujets qu'il appartiendra, salut.

«Notre aimé et féal le sieur de Palcheul nous a remontré qu'après avoir été grandement blessé et laissé pour mort sur la place, le sieur de Sasseval lui aurait fait promettre que s'il recouvrait la santé, qu'il se rendrait prisonnier et qu'il aurait fait rançon à notre jugement, taxé à la somme de 1.200 écus, laquelle, au moyen des grandes pertes qu'il a souffert pour notre service, il n'aurait encore pu payer, pour la dite rançon, étant par ce moyen lige de sa foi, n'osant porter les armes contre les dits ennemis, par conséquent il n'aurait pu se trouver en l'arrière ban dernier ; toutefois ses terres et biens ont été saisis pour le dit arrière-ban, et doute que ne

fassiez refus lui pourvoir, s'il ne lui était par nous pourvu ;

«A ces causes, bien mémoratif de la prison du dit exposant, qu'il n'est libre de sa foi que depuis la réduction
de la ville de Beauvais en notre obéissance, et pour plusieurs justes considérations à ce nous mouvant,

«Mandons et ordonnons à chacun de vous, en droit soi
et comme à lui appartiendra, faire à y celui exposant
comme nous lui avons fait, et laissons, par ces présentes,
pleine et entière main-levée de tous ses biens sur lui
saisis, pour le dit arrière-ban, quelques parts qu'ils
soient assis ; car tel est notre plaisir.

Donné à S. Germain le 13 novembre 1595, de notre
règne le IXe.»

HENRY.

A la suite de cette intervention, Palcheul revient en
son domaine. Après tant de combats, tant de vicissi-
tudes, une blessure aussi grave, il méritait bien un repos prolongé. S'il ne figure plus à titre de capitaine,
portant les armes, il reste toujours en faveur et haute
estime près du roi. En 1596, il reçoit, ici à Palcheul même
une lettre d'Henri IV l'invitant à se rendre à Rouen pour
assister à une assemblée de notables.

Le comte de Belin était toujours prisonnier, au château de Palcheul, il y resta pendant 20 ans. En 1609, Henri IV essaya de délivrer les sieurs d'Aumont et de Chappes
qui étaient retenus en Provence par le capitaine du
Guast. Pour réussir, il demanda à Palcheul de lui remettre Belin qui serait échangé contre les deux prison-

niers auxquels tenait le roi. Palcheul accepta, à condition que Henri IV lui verserait les 9.000 écus qu'il lui avait promis en 1589. Il fallut bien s'exécuter. Belin sortit donc des cachots de Palcheul pour aller rejoindre Mayenne qui donna immédiatement l'ordre de renvoyer, à leur tour, d'Aumont et de Chappes.

Ici se termine la série des documents qui nous ont été communiqués ou que nous avons pu trouver en fouillant les archives et les mémoires du temps.

Parmi les lettres adressées par Henri IV au sieur de Palcheul, nous avons choisi de préférence celles qui ne figurent pas dans les 8 volumes du recueil officiel. Nous ne cachons pas notre satisfaction d'avoir pu publier cette correspondance qui contribue à glorifier encore davantage un passé déjà si honorable, et qui ajoute une splendeur nouvelle à notre histoire paroissiale.

Ces lettres, prêtées si obligeamment par la famille de Roquigny, ont été déjà communiquées à la Société Académique de Boulogne en 1867. Mais le *Bulletin officiel* de cette Société qui les publia alors, est resté le privilège d'un petit nombre de savants. Aujourd'hui, et chacun s'en réjouira avec nous, elles se trouvent, par cette brochure paroissiale, répandues chez un plus grand nombre de lecteurs.

Robert de Roquigny s'était fait protestant. Nous sommes heureux, en terminant cette partie de notre ré-

cit, de dire qu'après les exploits, les luttes, les divisions
de cette époque, quand, retiré dans son domaine, il pouvait se livrer aisément à de sérieuses réflexions, il re-
vint de lui-même aux croyances de sa jeunesse. Il passa
les dernières années de sa vie dans la pratique de la religion catholique.

Le manoir de Palcheul appartient encore à la famille
de Roquigny. Puisse cette possession devenir un jour
une réelle *occupation*. Nous verrions alors la vieille construction du XVe siècle reprendre ses allures de château,
sa splendeur, sa vie, son importance d'autrefois. Notre
église, qui conserve sur un chapiteau extérieur le blason de cette famille, verrait dans ses murs, pour l'édifi-
cation de tous, les descendants et dignes héritiers de
ceux qui jadis ont occupé une si grande place dans notre
paroisse.

Martin-Église au XVIe siècle.

DANS la 2ᵐᵉ partie de ce récit, nons avons assisté aux démêlés entre Catholiques et Protestants. Ces luttes, uniquement locales étaient restreintes dans leur étendue, leur importance et leurs résultats. On peut les considérer comme de simples escarmouches, comparées à ce qui va être raconté dans cette 4ᵐᵉ partie.

Ensuite nous avons suivi le Seigneur de Palcheul dans ses entreprises et ses exploits militaires, dans ses victoires et ses revers, dans son dévouement à la cause royale. Désormais on verra à l'œuvre toute l'armée dont il faisait partie, et le prince au service duquel il a si bien combattu.

Pendant plusieurs semaines, notre paroisse de Martin-Eglise va faire partie du champ de bataille historique où vont se décider les destinées de la religion et de la royauté. On verra aux prises : d'un côté les partisans de la Foi catholique révélée au monde quinze siècles auparavant par Jésus-Christ, Fils de Dieu, de l'autre côté les partisans d'une nouvelle forme de religion inventée par l'allemand Luther.

On donne généralement à ces conflits le nom de guerres

de religion, ne serait-il pas plus exact de les appeler guerres contre la religion ? Car il est bien évident qu'il ne peut y avoir plusieurs vraies religions. Et les différentes contrefaçons de la vérité s'efforceront toujours de combattre cette vérité, fût-elle apportée et manifestée authentiquement par Celui-là même à qui s'adresse tout acte religieux !

La première fois que l'on rencontre l'armée de la Ligue sur notre territoire, c'est en mai 1589. Elle arrivait de Picardie, et le 9 mai elle campait à S.-Martin-en-Campagne. Aussitôt qu'il en fut informé, M. de Chastes, gouverneur de Dieppe, partit avec 250 cavaliers et 120 mousquetaires pour aller combattre ce premier détachement et l'empêcher de venir jusqu'à Dieppe. Son expédition ne fut pas très heureuse. Il dut même revenir en toute hâte se réfugier dans la ville, harcelé par les Ligueurs qui le poursuivirent jusqu'à Thibermont, hameau proche de Martin-Eglise.

Cependant une contre-offensive des Dieppois, comprenant des cavaliers et des arquebusiers, obligea les Ligueurs à quitter notre territoire, et à se sauver à leur tour, pour se mettre en sécurité, dans l'Aliermont et le bourg d'Envermeu.

Après cette première apparition de l'armée de la Ligue, il nous faut attendre jusqu'en septembre, le mois célèbre entre tous, pour la revoir dans notre paroisse, mais cette fois avec un effectif de 30.000 hommes et sous les ordres de ses chefs suprêmes : Mayenne et Nemours.

Avant de raconter cette série de combats fameux, il convient de compléter la description géographique don-née dans la 1re partie de ce récit et intitulée : *la vallée d'Eaulne.*

Qu'on se représente un angle aigu d'environ 30°, dont les côtés orientés de l'Est à l'Ouest sont constitués par deux vallées, celle de l'Eaulne au Nord, et celle de la Béthune au Sud ; dont le milieu est formé par une colline de 60 mètres d'élévation et tout entière recouverte d'une épaisse forêt, et dont le sommet portant la Mala-drerie de S.-Etienne, vient se perdre dans un vaste ter-rain limité par la chaussée d'Arques à Martin-Eglise, et un des circuits de l'Eaulne avant sa jonction avec la Bé-thune, et l'on aura une idée générale du théâtre des pro-chaines batailles.

La vallée d'Eaulne est dominée par les côteaux de Martin-Eglise, celle de la Béthune par ceux de Martigny et d'Arques. La Maladrerie comprenait plusieurs vastes bâtiments destinés à recueillir et soigner les malades, et une chapelle mesurant 22 mètres de long sur 6 m. 50 de large, bénite le 12 juillet 1257 par Eudes Rigaud.

La chaussée qui reliait Arques et Martin-Eglise était bordée de haies dans toute sa longueur, c'était le seul moyen de communication entre ces deux villages, car les marais qui s'étendaient au-delà de la rivière jusqu'à Dieppe, étaient impraticables surtout en septembre.

Entre la chaussée et la rivière, il y avait un terrain assez large pour livrer passage à 50 chevaux de front.

Quant au château d'Arques qui domine le bourg, la vallée de la Béthune et le marais, il était tombé en 1584 au pouvoir du gouverneur de Dieppe, Aymar de Chaste, par conséquent au pouvoir des partisans d'Henri IV.

Chaque parcelle du terrain que nous venons de présenter au lecteur, sera utilisée, conquise, perdue, reprise par l'une ou l'autre armée. Les conséquences de ces combats en montrent suffisamment l'importance. Les historiens du reste, ont raconté avec complaisance, quelques-uns même avec exagération, les grandes journées de ce mois de septembre. Il en est même qui, pour se mettre bien en cour, ont marqué leur présence, dans quelqu'un des combats, en désignant le régiment à la tête duquel ils accomplissaient de magnifiques exploits... alors qu'ils n'ont même pas paru sur le champ de bataille. Le duc d'Angoulême s'en moque en ces termes, dans ses *mémoires* : «L'un d'eux (ces historiens) a été si peu véritable qu'il s'est fait le chef de l'entrée du combat de ces grandes journées, où si pourtant il y était, il ne parut que dans le gros de la cornette blanche, sur un roussin qui était plutôt une rosse destinée à tirer un tombereau, qu'un cheval de combat.»

En comparant et en réunissant les mémoires écrits par Sully, de Thou, le duc d'Angoulême, Villeroy, le maréchal de la Force, les chroniques locales des Dieppois : Asseline, Guibert, Vitet, Desmarquets, etc., il nous semble que l'on peut constituer un récit complet, impartial et véridique. Nous allons l'essayer.

Le 26 août 1589, Henri IV arrive à Dieppe. Dans quel but ? Ses forces les plus importantes, les villes sur la fidélité desquelles il pouvait compter se trouvaient dans le midi de la France, surtout en Guyenne. Mais l'armée de la Ligue lui barrait le passage et l'empêchait d'aller retrouver une puissante armée, prête à combattre sous ses ordres. Il n'avait donc d'autre ressource que de parcourir avec précaution la Normandie pour passer en Angleterre où la reine Elisabeth lui assurait une hospitalité à l'abri de tout danger et lui promettait des subsides et des hommes d'armes. Mais Henri IV ne voulût point suivre ce conseil ; il ne consentirait jamais à se se réfugier à l'étranger, cette fuite devant être, lui semblait-il, plus préjudiciable que favorable à sa cause. Il vint donc à Dieppe, uniquement pour attendre les «gaillardes forces» qu'il espérait recevoir d'Angleterre, et parce que Dieppe était la seule ville dont tous les habitants, catholiques et protestants, lui étaient entièrement dévoués. Enfin il comptait bien, après avoir renforcé sa petite armée, triompher de la Ligue.

Pour éviter de se trouver enfermé, par conséquent assiégé et peut-être prisonnier, dans la ville, il parcourut les environs à la recherche d'une «assiette» propice pour un combat et même si possible pour tendre un piège à Mayenne. C'est du moins ce qu'il tenta.

D'accord avec Biron, il choisit la vallée de la Béthune. Mayenne venait de s'emparer de Neufchâtel, on pouvait croire qu'il arriverait bientôt à Dieppe, en suivant la vallée, route toute indiquée, puisque la plus directe.

En conséquence, Henri IV établit son armée, comprenant à peine 8.000 hommes, entre le Château d'Arques, la Maladrerie de S.-Etienne et le village de Martin-Eglise. Solidement abrités dans le château-fort, habilement dissimulés dans la forêt et derrière les haies et les fossés de Martin-Eglise, ses soldats se croyaient assurés de tomber à l'improviste sur l'armée de la Ligue et de compenser par l'habileté du coup, le nombre trop inférieur des combattants.

Mais les prévisions des chefs ne concordent pas toujours avec les intentions de l'ennemi.

Mayenne, quoiqu'ayant déjà fait annoncer à Paris qu'il ne tarderait pas à arriver, traînant derrière lui un roi prisonnier, quitta Neufchâtel pour se rendre à Eu : c'était suivre le chemin des écoliers. Après avoir pris cette ville, il se dirigea vers Dieppe par la vallée de l'Eaulne. Tous les plans d'Henri IV, en parfait accord cependant avec les plus justes probabilités, se trouvent renversés ; tous les préparatifs de combat et de surprise sont à recommencer. Il faut abandonner le cantonnement à Martin-Eglise car ce serait s'exposer à un écrasement complet. D'autre part, le Pollet qui n'était nullement menacé dans l'hypothèse d'une arrivée par la Béthune, devenait maintenant la porte qui devait ou au moins qui pouvait livrer l'entrée de la ville à une armée venant par l'Eaulne et les côteaux du littoral.

Aussitôt, civils et combattants, tous les habitants de Dieppe, se mettent à l'œuvre pour fortifier la bastille du Pollet dont le commandement est donné au sieur de Givry, celle de Neuville placée sous les ordres du Comte de Châtillon. Entre Dieppe et Etran, on établit un retranchement ; le village de Neuville est incendié pour empêcher Mayenne d'y trouver aucun abri, aucun aliment : l'église seule et deux maisons construites en pierre sont épargnées par le feu.

En même temps, Henri IV va et vient chaque jour entre Dieppe et Arques pour activer les travaux de défense autour de la Maladrerie, puis un peu au nord de cet établissement, à l'endroit précis où s'élève aujourd'hui la colonne commémorative. Des tranchées de 3 mètres de profondeur et d'autant de largeur sont creusées entre la forêt et la chaussée. Le marais formant un obstacle infranchissable entre la rivière et la ville de Dieppe, on se contente d'édifier des retranchements à deux places différentes, avec redoutes et ravelins tous les 60 pas, sur toute la largeur de la chaussée et du terrain qui borde la rivière.

Les troupes cantonnées à Martin-Eglise reçoivent l'ordre de se replier sur Arques en ayant soin, avant leur départ, de mettre le feu à tous leurs cantonnements et à tous leurs approvisionnements. Mais Mayenne, généralement peu pressé, arrive trop inopinément pour laisser aux troupes royales le temps d'exécuter la consigne donnée. Et ainsi notre village n'a pas à subir le même sort que celui de Neuville.

L'armée de la Ligue arrivait, en effet, formant un front de plusieurs kilomètres. La 1re partie de l'armée, conduite par Mayenne, suivait le littoral de la mer, sur la côte, et s'avançait par S.-Martin, Berneval, Derchigny, Bracquemont ; la 2e partie, menée par le duc de Nemours, arrivait par les pentes de Sauchay, de Coqueréaumont, de Bellimont et la vallée de l'Eaulne en passant par les villages de Bellengreville et d'Ancourt. Cette armée comprenant 30.000 hommes, avait un tel entrain, un ordre si merveilleux, marchait en masse si compacte, que les royalistes en l'apercevant, l'estimaient d'un effectif de 100.000 hommes, et l'un des chroniqueurs l'appelle «l'une des plus belles armées qui ont tenu la campagne depuis le Roi Louis onzième.»

Du reste, Henri IV était déjà averti de son importance.

La veille, il avait envoyé en reconnaissance au-dessus de Palcheul le prince de Conty qui s'étant aventuré un peu trop près de l'avant-garde avait été obligé de livrer combat, avait été blessé d'un coup d'épée dans les reins, et avait eu bien de la peine à se tirer, pendant que tous ses compagnons d'armes prenaient la fuite.

Ceci se passait le 12 septembre. Et d'après les estima-
tions et les chances purement apparentes, une armée
aussi supérieure en nombre devait avoir facilement raison de la petite troupe royale, l'acculer dans Dieppe, et
la précipiter dans la mer, comme plus d'un s'en van-
tait... un peu prématurément. Mayenne établit son
camp sur les hauteurs de Thibermont, Nemours dans
Martin-Eglise.

Un bon chef accorde à ses soldats le temps nécessaire
pour se reposer entre une marche et une bataille ; c'est
ce que fit Mayenne. Un chef habile ne reste pas inactif
au point de laisser à l'ennemi le temps de modifier ses
plans de défense et d'attaque : c'est malheureusement
ce que fit Mayenne. L'infanterie royale est donc instal-
lée dans le château-fort, les Suisses dans le bourg, la
cavalerie à la Maladrerie et aux abords de la chaussée.
Et grâce à la hauteur des murailles, au retrait de la
côte St-Etienne, et au manteau de verdure, tout s'ac-
complit sans que Mayenne ait rien vu. Trompé déjà, il
se figure que Henry IV est à Dieppe. Alors le 16 septembre, par des chemins durs et raboteux, il fait avancer son armée, ses pièces d'artillerie même, depuis les
plaines de Thibermont jusqu'à l'extrémité du village de
Neuville, c'est-à-dire à travers des ruines.

Pendant 3 heures, toute son armée reste en ordre de
bataille, attendant toujours une sortie des Dieppois.
Fatigué et impatient de ces délais, Mayenne envoie suc-

cessivement deux compagnies de chevau-légers, pour provoquer l'ennemi. Le seul résultat obtenu fut la perte de 200 hommes qui se trouvèrent tués au pied des bastilles. On dut donc revenir à Thibermont.

Le même jour, les Ligueurs laissés à Martin-Eglise, ne voulant pas devantage rester dans l'inaction, entreprennent une sortie vers la Maladrerie. Biron, resté à Arques, envoie immédiatement le duc d'Angoulême pour les arrêter. Déjà ils étaient arrivés devant le retranchement situé au pied la forêt, c'est-à-dire à mi-chemin entre Martin-Eglise et Arques, quand la cavalerie royale leur fait rebrousser chemin et se met en devoir de les poursuivre.

Les troupes de la Ligue reviennent aussitôt, mais les habitants de notre village se hâtent d'élever une barricade, au moyen de charrettes, sur le chemin que doit suivre la cavalerie royale. Celle-ci un instant arrêtée, traverse un verger, tourne la barricade et continue sa poursuite en combattant sans cesse contre les derniers soldats de la Ligue. On arriva ainsi au petit pont de la Vierge. Là, nouvelles luttes et nouvel arrêt. Le pont est si étroit que, d'après les mémoires du temps, 10 cavaliers à peine purent le repasser. Les troupes du duc d'Angoulême n'osent s'aventurer dessus, et retournent simplement à leurs cantonnements. Mais cet engagement avait coûté aux Ligueurs 40 morts, 40 blessés et 300 prisonniers parmi lesquels 17 officiers et 5 capitaines. Echec au pied de la Maladrerie, échec devant la bastille du Pollet, au tolal 600 hommes tombés, tel fut le bilan de cette journée.

Le 18 septembre, Mayenne réussit, grâce aux indications d'un habitant de notre village, à faire traverser, par un gué, le marais à quelques-uns de ses hommes. Partis d'Etran, ils arrivent de grand matin, et sans avoir été aperçus, devant le village de Bouteilles. Henri IV a vite fait d'accourir avec une troupe suffisante pour repousser cette attaque, et les compagnons de Mayenne doivent une fois de plus regagner précipitamment Martin-Eglise, après avoir laissé sur place 1 capitaine et 60 hommes tués.

La ville de Dieppe est décidément inabordable. Alors le chef de la Ligue ramène toute son armée des hauteurs de Bréquigny et de Thibermont sur les pentes du village et dans la vallée, pour préparer une nouvelle attaque. Trois jours se passèrent encore sans combat. Ces délais exagérés, accordés par la lenteur de Mayenne, sont mis à profit, comme on s'en doute, par Henri IV.

«Par l'aveu de tous ceux qui l'ont connu, écrit le duc d'Angoulême, Mayenne était estimé pour aussi généreux qu'excellent capitaine ; mais comme son naturel était accompagné de beaucoup de prudence, ses desseins se ruinaient souvent pour trop considérer les évènements et pour donner trop de temps à l'exécution.»

Cette explication des succès d'Henri IV et des revers

La côte Saint-Étienne et le village d'Arques.

de Mayenne, est excellente au point de vue stratégique; voici maintenant celle de la philosophie chrétienne, fournie par le maréchal de la Force : «Le succès du combat (celui du 21 sept.) ne s'en peut représenter qu'en admirant la puissance de Dieu et sa merveilleuse Providence envers ceux qu'il lui plaît de protéger ; il ne se voit point d'exemple pareil à celui-ci, qui se peut appeler la merveille des merveilles.»

Le 20 septembre un convoi de bétail destiné au ravitaillement de l'armée de la Ligue, est surpris, près de Palcheul, par des éclaireurs de la cavalerie royale. Il est aussitôt, à travers la forêt, conduit jusqu'au camp d'Henri IV. Celui-ci interroge le chef du convoi, et apprend que le lendemain 21, Mayenne se dispose à livrer bataille. Les derniers préparatifs sont menés avec la plus grande activité. A 10 h. du soir, les trompettes de la Ligue, groupés autour de l'église sur le côteau de notre paroisse, face à la côte St-Etienne, font entendre leurs sonneries guerrières, les cloches se mêlent à ce concert, le signal du prochain combat est donné officiellement. A leur tour, les trompettes du roi répondent par des accents aussi vibrants. Ce fut ensuite le tour des soldats de pousser des cris ardents et pleins d'assurance dans une victoire que chaque parti se promet comme certaine. On se répond, on s'injurie même de part et d'autre, comme de nos jours de deux tranchées ennemies.

Peut-être, en fidèles descendants-des compagnons de Jeanne d'Arc, redisent-ils le cri de confiance de la bonne Lorraine : «Quand ils seraient pendus aux nuées, nous les aurons !» ou plus simplement comme de dignes ancêtres de nos héroïques poilus : «On les aura !»

Il est minuit ! Dans le plus profond silence, avec beaucoup de précaution et de prudence, Mayenne met en branle toute son armée, il la fait descendre des pentes de Bellimont et de Martin-Eglise. Avec un ordre merveilleux elle passe la rivière, elle s'avance. L'obscurité est complète, pas d'ombre s'allongeant sur la chaussée et révélant la marche des soldats. Pas le moindre bruit capable de donner l'éveil aux sentinelles qui guettent derrière leurs abris improvisés. Toute cette armée, infanterie, cavalerie, et un peu à l'arrière l'artillerie, arrive jusqu'au pied des retranchements ennemis, tout près de la côte St-Etienne. Quelques pas de plus et elle se heurterait aux premières lignes de l'armée du Roi.

On s'arrête, et l'on goûte un peu de repos avant d'engager l'action. A 4 h. du matin, le comte de Belin va en reconnaissance à travers la forêt, il est fait prisonnier, ainsi que nous l'avons raconté, par Robert de Roquigny.

A 5 h., le jour commençant à peine à paraître, le signal du combat est donné, et c'est la cavalerie qui l'engage. Elle est à droite près du marais, en face la cavalerie royale. Ses escadrons sont commandés par des chefs fameux : qui ne connaît Jean Marc, de Sagonne, de Montluc sieur de Balagny, le duc de Nemours, le duc d'Aumale à la tête de la plus belle noblesse, Henri de Lorraine, le marquis du Pont, et enfin Mayenne à la tête des lanciers ?

L'infanterie se presse à leur gauche, impatiente d'escalader la côte et les retranchements. On voit à la tête de ses régiments : La Chataigneraie, de Tremblecourt, de Pontesac, du Bourg, Castillière, et enfin les Suisses. Les pièces d'artillerie doivent aider l'attaque et l'élan de ces troupes.

Du côté d'Henri IV, nous trouvons également des noms célèbres, immortalisés par leurs exploits. Dans la cavalerie se distinguent : de Châtillon, de Méligny, Condé, Conty, de Rambures, de Lorge, Montgommery, de Caumont, de La Force, et, pour animer de son exemple cette chevalerie, le maréchal de Biron. Le roi se tient entre la cavalerie et l'infanterie, dans les tranchées de la Maladrerie. Les Suisses sont près de lui, aussi les arquebusiers dieppois, puis enfin les régiments de Galaty.

Mayenne, confiant dans la supériorité du nombre, et l'arrivée de ses troupes près des ennemis, avait compté sans le brouillard qui couvre chaque matin à cette époque pendant plusieurs heures tous les terrains arrosés par l'Eaulne. La cavalerie attaque, elle enfonce d'abord la cavalerie royale. Le jeune comte d'Auvergne, âgé seulement de 16 ans, charge à la tête d'un escadron, Sagonne qui le reconnaît, lui crie avec mépris :«Du fouet, du fouet, mon garçon !» Mais le petit garçon l'emporte sur le chef expérimenté, et Sagonne recule.

Le terrain est si restreint qu'une compagnie qui faiblit ne peut être secourue par une autre, sans se retirer complètement du combat. Les escadrons, au lieu de s'aider, ne peuvent que se succéder. «Vous eussiez dit, écrit de La Force, que l'on jouait à barre.»

Les uns après les autres, les braves chefs ligueurs et leurs intrépides compagnons viennent se faire culbuter. Mayenne arrive alors et ne tarde pas à rétablir le combat. Que dis-je, il enfonce les escadrons de la cavalerie royale, il les poursuit. Il cherche à les envelopper. Mais le marais est là, perfide, qui l'attire, et ses chevaux s'embourbent, ne peuvent plus avancer, sont en partie perdus. Il y avait déjà quatre heures que ces alternatives de recul et de succès duraient.

Du côté de l'infanterie, une égale valeur est déployée. On se précipite à l'assaut des retranchements. Soudain, une compagnie entière pénètre dans la Maladrerie. Une contre-offensive va les rejeter hors des remparts, quand ces soldats mettent bas les armes, crient qu'ils se rendent et se rangent du côté du roi. Ils sont accueillis sans défiance, et introduits au milieu de leurs nouveaux compagnons. A peine sont-ils de nouveau armés, qu'ils se reforment et tuent tout ce qui les entoure et restent maîtres de la Maladrerie. Ce fut un acte de trahison,

nous n'essaierons pas de l'excuser, il s'explique suffisamment si nous ajoutons, conformémeht aux témoignage de l'Histoire, que ceux qui venaient de faire «ca-
marades !» étaient des Allemands (1).

Biron s'aperçoit de la trahison, il envoie aussitôt Mont-
pensier et Richelieu châtier comme ils le méritaient ceux
qui venaient d'abuser de la confiance qui leur était faite.
Le plus grand nombre trouva la mort avant d'avoir pu
regagner l'infanterie de la Ligue qui continue d'avancer
et menace sérieusement les troupes royales.

Alors Henri IV fait venir son ministre et pour conju-
rer un désastre, lui fait réciter la prière à la tête de sa
troupe. «Ceci se doit dire, écrit de la Force, en donnant
gloire à Dieu, et reconnaître en effet que ce fut un coup
du ciel.»

Au même moment, Chastillon arrive de Dieppe avec
700 arquebusiers, il culbute la cavalerie de Mayenne arrêtée dans le marais, il monte à la Maladrerie et fond
sur l'infanterie de la Ligue.

Jusqu'ici, à cause du brouillard, les canons de la côte
St-Etienne et ceux du château d'Arques n'avaient pu tirer un seul coup, dans la crainte de frapper l'armée du

------

(1) Il y en avait également dans l'armée d'Henri IV,
c'est ce qui avait permis à ces reîtres de se faire com-
prendre. Les armées recrutaient alors des volontaires
et des mercenaires de toutes les nations, qui se trouvaient
ainsi face à face au moment du combat.

roi en voulant atteindre celle de Mayenne. Mais vers midi, le brouillard se dissipe, le champ de bataille s'éclaircit. Aussitôt toutes les couleuvrines entrent en action. Et celles du château envoient plusieurs volées qui font, dit Sully, quatre belles rues, dans les rangs des Ligueurs.

Effrayés et surpris de ces décharges, découragés aussi par la nouvelle qui avait été répandue dans l'armée, de la mort de Mayenne, cavaliers et fantassins tournent le dos à l'ennemi et reviennent en hâte à Martin-Eglise laissant vide le champ de bataille que les troupes royales abandonnent à leur tour pour rentrer dans leurs cantonnements.

Combien de héros manquèrent à l'appel, après ce combat ! Du côté des Ligueurs, on compta 700 morts, 700 blessés, et la perte des comtes de Belin et de Tremblecourt faits prisonniers.

Du côté du roi 200 tués, parmi lesquels le capitaine Fournier, le comte de la Rochefoucauld (1), le sieur de

____

(1) Josias de la Rochefoucauld, comte de Roucy, était cousin du Cardinal de Vendôme. Voici une des strophes, composées par de Thou et adressées au dieu Mars, à l'occasion de cette mort :

Ce port si plein d'attraits, cette noble éloquence,
Rien n'a pu te fléchir, ni prières, ni vœux.
Ah ! sans doute pour fuir l'éclat de sa présence
Tu détournas l'oreille et tu fermas les yeux.
Ou plutôt, inhumain, ta jalousie extrême
T'arma seul contre ses jours
Tu craignais sa valeur ou ses charmants discours
Qui t'auraient désarmé toi-même.

Bacqueville. De Rambures a reçu un coup d'épée qui lui coupe la main, L'Archaut-Chambort est frappé d'un coup de lance au défaut de la cuirasse ; le comte de la Force eut trois chevaux tués sous lui et deux blessés.

En résumé 7.000 hommes des troupes royales venaient de tenir tête à 30.000 hommes de l'armée de la Ligue.

Y eut-il réellement un vainqueur, dans cette mémorable journée ? Le récit que nous venons de présenter montre que Henri IV conserva simplement toutes ses positions. Il était si peu assuré d'avoir remporté la victoire que dès le lendemain matin, il partait pour Dieppe craignant une nouvelle offensive de Mayenne, qui de son côté demeura encore trois jours à Martin-Eglise, pour se remettre de cette bataille. Les historiens du parti d'Henri IV se contentent de dire que ce fut la première porte par où il entra dans la gloire.

Telle fut cette journée fameuse, connue généralement sous le nom de bataille d'Arques. Cette appellation est-elle justifiée ? Le territoire sur lequel elle fut livrée dépendait de la commune de Martin-Eglise. La Maladrerie de St-Etienne formait le trait-d'union entre Martin-Eglise et Archelles. Pas un seul instant le combat ne fut livré sur le territoire d'Arques. Pour s'expliquer le nom donné à cette action, il est nécessaire de recourir à l'influence de très hautes protections. Les mémoires du temps racontent simplement la bataille sans lui donner aucune désignation locale. Un très ancien tableau placé

au Musée Britannique et représentant cette bataille, est
intitulé par l'auteur lui-même : *Victoire remportée par
Henri IV sur le duc de Mayenne à Saint-Etienne.* Enfin,
notre archéologue rouennais, l'abbé Cochet, dans ses é-
tudes sur les églises de l'arrondissement de Dieppe, l'appelle également la bataille de St-Etienne. Ce nom paraît
être le plus exact, puisque la Maladrerie fut comme le
pivot de tous les assauts et de tous les combats. Et à
part les volées de canons tirées, à midi, du château,
Arques fut à l'abri pendant toute la journée.

Il n'en fut pas de même de notre église. Une de ses
nefs fut si détériorée par les canons de la côte qui tiraient
avec entrain sur notre village, qu'il fallut quelques années plus tard la démolir entièrement. Un nouveau mur
fut élevé pour fermer les baies situées entre les piliers
et les ogives dont la trace se voit encore à l'extérieur.
Un tableau historique décoratif, placé dans l'église, rap-
pelle le souvenir de cette destruction.

Pour terminer le récit de cette affaire de St-Etienne,
faut-il, rééditer le cliché si connu : *Pends-toi, brave Cril-
lon...* ? Nous nous en garderons bien.

En lisant avec la plus grande attention les mémoires
du temps, le recueil des lettres d'Henri IV, les chroniques dieppoises, on ne trouve nulle part mention de ce
billet. Alors on se demande comment les historiens du
XIXe siècle ont pu, avec une si complète unanimité, répéter une lettre qui ne se trouve nulle part ! La réponse

est facile, le secret s'explique en remontant à l'origine
de ce billet. Il est sorti en effet du cerveau d'un écrivain
qui s'est fait une spécialité, j'allais dire un monopole,
des *mots historiques*. Voltaire met sur les lèvres ou sous
la plume de ses personnages, non point ce qu'ils ont dit,
mais ce qu'il aurait dit lui-même s'il avait été à leur
place (1)... en supposant toutefois qu'il ait eu le temps
de préparer ses improvisations. Et avec une confiance
toute naïve, les historiens, trouvant ce billet très spiri-
tuel, l'ont répété à satiété. On pourrait de plus faire observer qu'il n'était pas dans les habitudes d'Henri IV
de tutoyer ses correspondants. On n'en trouve pas un
seul exemple dans les huit volumes de ses Lettres.

Le 6 août 1647, Louis XIV, accompagné par Anne
d'Autriche et le Cardinal Mazarin, vint à Martin-Eglise
pour se faire expliquer sur place la bataille où s'illustra
son grand-père.

Pour commémorer le souvenir et souligner l'importance de cette bataille, une fête militaire très solennelle
fut donnée sur le terrain même du combat en l'année
1827. Et deux ans plus tard un monument en forme d'o-
bélisque, et appelé vulgairement : *la Pyramide*, fut éri-
gé à l'endroit précis où se tenait Henri IV dans le retran-

---

(1) On doit faire les mêmes réflexions sur une autre
invention du même genre, qui constitue de plus un ou-
trage à la loyauté d'Henri IV dans la grave affaire de
sa conversion : *Paris vaut bien une Messe*.

chement élevé sous ses ordres. Une plaque de marbre rappelait le souvenir de cette journée. Elle ne tarda pas à être brisée. Il serait à souhaiter qu'une nouvelle inscription vînt remplacer l'ancienne. C'est le vœu qui fut déjà proposé en 1903 par la Commission départementale des antiquités de la Seine-Inférieure. L'affaire fut sans doute *classée,* car on n'en entendit plus jamais parler. Espérons qu'elle sortira un jour des cartons de la commission compétente, pour être enfin mise à exécution, avec un texte conforme à la vérité historique.

Quand Mayenne fut assuré du départ d'Henri IV et de son séjour à Dieppe, il quitta Martin-Eglise, traversa la forêt, la vallée de la Béthune, passa au sud du Château d'Arques, et alla camper tout près de Dieppe.

Notre travail n'est pas une histoire de la Ligue, ni une histoire d'Henri IV, mais un modeste récit paroissial. Nous ne suivrons donc point les adversaires dans la série des combats qu'ils vont continuer à se livrer. Restons à Martin-Eglise avec nos ancêtres qui eurent, après ces guerres de religion, tant de ruines à relever. Et terminons ce chapitre en exprimant l'espoir que tous les Français, si unis dans leur admirable patriotisme en face de l'étranger envahisseur, resteront toujours aussi fortement unis dans l'acceptatiou et la pratique de la religion. Il ne conviendrait pas qu'après avoir déposé les armes, la victoire obtenue, on les reprît pour se com-

battre mutuellement. Ceux qui, dans un élan si magnifique ont si bien servi la Patrie, ne doivent pas se diviser
quand il s'agit de servir Dieu.

TABLE des MATIÈRES

TABLE des ILLUSTRATIONS

(1) Toutes les illustrations de cette notice paroissiale sont éditées en cartes postales.

Achevé d'imprimer, le 10 Février 1918.

Imp. Bocquet. — Servaville.

IN CRVCE SALVS

www.ingramcontent.com/pod-product-compliance
Ingram Content Group UK Ltd.
Pitfield, Milton Keynes, MK11 3LW, UK
UKHW022059070726
13613UKWH00002B/873